于 漪 主编

"青青子衿" 传统文化书系

汉字魅力

龚兰兰 编著

山西出版传媒集团

山西教育出版社

图书在版编目（CIP）数据

汉字魅力/龚兰兰编著. —太原：山西教育出版社，2016. 5（2022.6重印）
（"青青子衿"传统文化书系/于漪主编）
ISBN 978-7-5440-8338-6

Ⅰ. ①汉… Ⅱ. ①龚… Ⅲ. ①汉字-通俗读物 Ⅳ. ①H12-49

中国版本图书馆 CIP 数据核字（2016）第 065500 号

汉字魅力
HANZI MEILI

责任编辑	郭文礼	
助理编辑	晋晓敏	
复　审	刘晓露	
终　审	郭志强	
装帧设计	薛　菲　孟庆媛	
印装监制	蔡　洁	

出版发行 山西出版传媒集团·山西教育出版社
（太原市水西门街馒头巷 7 号　电话：0351-4729801　邮编：030002）

印　装	北京一鑫印务有限责任公司	
开　本	889×1194　1/32	
印　张	6.625	
字　数	142 千字	
版　次	2016 年 5 月第 1 版　2022 年 6 月第 2 次印刷	
印　数	8 001—11 000 册	
书　号	ISBN 978-7-5440-8338-6	
定　价	48.00 元	

如发现印装质量问题，影响阅读，请与印刷厂联系调换。电话：010-61424266

序言

　　文化是民族的血脉，是人的精神家园。

　　一颗没有精神家园的心灵，就会浮游飘荡，既不可能潜心思考自己生命的意义与价值，也不可能对他人有真挚的情感关切，更不可能对社会有发自肺腑的责任感。

　　中华传统文化源远流长，其中的优秀遗产积淀着中华民族最深层的精神追求，代表着中华民族独特的精神标志，为中华民族生生不息、发展壮大提供了丰厚滋养。她哺育了一代代中华优秀儿女，支撑他们成为中国的脊梁。

　　成长中的青少年认真汲取其中的精华和道德精髓，就会长智慧，明方向，增力量，懂得自己根在何处，魂在何方。经典活在时间的深处；价值追求，在文字海洋里奔腾。《"青青子衿"传统文化书系》助你发现其中蕴含的优秀文化基因，探寻当下时代的使命，让您有渴饮琼浆的快乐，醍醐灌顶的惊喜。

于漪　2015年岁末

前言

    汉字是记录汉语的文字，距今有将近六千年的历史。它集音、形、义于一身，在世界各民族的表音文字中别具一格，魅力独特。

    我们从小就开始学习认字和写字，积累与汉字有关的知识，对于作为书写方式存在的汉字不可谓不熟悉。

    但是我们真的了解汉字吗？

    汉字究竟是如何产生和发展的？从刻在甲骨上的雏形，到今天的简化方块字，这期间有多少次脱胎换骨、锐意革新，才确保了这种文字不会像世界上其他的古老文字那样湮没在历史的尘埃里？除了作为书写工具，汉字还怎样参与了社会生活的方方面面？大到政权的更迭，国运的转变，小到文人的诗歌酬答，老百姓的宴席聚会，汉字是怎样利用自身的特性左右逢源、融合无间的？古代人对汉字的重视与敏感又体现在哪些方面？从帝王年号的选择，文人姓名的寓意，诗文背后深意或真或假的阐释中，能感受到汉字的丰富与博大给中国的历史文化带来怎样的烙印？书写时的粗心与马虎又会引发怎样的误解，带来哪些意想不到的后果？人们对汉字的认知、研究与使用，代表着怎样的文化心态与民族意识？

相信在看过本书选录的这些故事之后，会让大家对以上这些问题有所领悟。

作为世界上最亲近汉字的民族，我们应该多了解一些与汉字有关的文化常识、典章制度、掌故趣谈，以培养我们对祖国语言文字的自豪感，增强文化认同意识。汉字与诗歌、对联、灯谜等各类文艺形式的密切关系，也能增加大家对汉字本身的兴趣，加深对汉字特性的认识。而错别字、谐音字引发的趣事逸闻，可以让大家引以为鉴，重视汉字书写的规范性。只有对汉字本身有了更多的了解与探究兴趣，才能更好地掌握中国的传统文化，传承华夏文明。

随着现代科学技术的飞速发展，各类方便快捷的电子产品越来越多地进入我们的生活，人们的书写方式也发生了巨大的变化，电脑打字开始代替一笔一画的记录。一些人偏激地认为正确地书写、掌握汉字已经没有必要，因为时代已经向着无纸化、便捷化发展了。这种观点是仅仅把汉字作为书写工具看待，而没有理解汉字与中华文明之间密不可分的联系。如果通过本书的阅读，可以让大家对汉字文化保有基本的尊重与敬意，编者的目的也就达到了。

目 录

第一章　起源演化

第二章 字谜析衍

第三章　托字预言

第四章　诗谜字联

第五章 错字别字

第八章　文字之祸

第一章 起源演化

一 结绳记事

【原文选读】

　　上古结绳①而治，后世圣人易②之以书契③，百官以治④，万民以察⑤，盖取诸夬⑥。

（选自《周易·系辞》）

　　古者无文字。其有约誓之事，事大，大其绳⑦，事小，小其绳⑧。结之多少，随物众寡，各执以相考⑨，亦足以相治也。

（选自唐·李鼎祚《周易集解》）

注释：

　　①结绳：给绳子打结。

　　②易：代替。

　　③契（qì）：刻。

④治：管理政务。

⑤察：知晓世情。

⑥夬（guài）：六十四卦之一，这里有决断、区别之意。

⑦大其绳：系大结。

⑧小其绳：系小结。

⑨考：验证。

【文意疏通】

《周易·系辞》是全面阐释《周易》的纲领性文献，文中提到了《周易》中的卦象对人类的各种生产活动与文化创造具有启示意义。其中有一段谈到了从结绳记事到文字记事的发展就与夬卦的启示有关：

上古时代人们靠给绳子打结的方式来治理事务，后代的圣人用契刻下来的文字代替了结绳记事的办法。从此官员们就以文字来管理政务，百姓们就靠文字来知晓世情，这大概是从"夬"卦蕴含的"决断"之意中受到的启示。

《周易集解》中引用《九家易》一书对《周易·系辞》中"上古结绳而治"这一句作出了更为详细的说明："古代文字尚未出现的时候，当有了需要记录的事情，根据事件大小的要求，大事就系大结，小事就系小结。绳结的多少与形状跟随事件的大小多少而变化。人们就拿着这些绳结协助行事，也能满足治理事物的需求了。"

【义理揭示】

在文字产生以前，人类经历了一段用实物来辅助记忆的漫长时期。结绳记事就是传说中古人使用的记录事件的重要方法之一。但

由于社会生活日益复杂，充满变化，结绳方法也随之繁复，容易被遗忘和混淆。此时单靠结绳已不能满足记事的需要，更加适合的记事方法也就应运而生了。

二 刻契为凭

【原文选读】

宋人有游于道者，得人遗契①者，归而藏之，密数其齿②，告邻人曰："吾富可待③矣。"

（选自《列子·说符》）

子大夫有五谷菽粟④者勿敢左右⑤，请以平贾⑥取之子。与之定⑦其券契之齿，釜鍾⑧之数，不得为侈弇⑨焉。

（选自春秋·管仲《管子·轻重甲》）

注释：

①遗契：丢失的契券。

②齿：刻在木板或竹板上的刻痕，形状像齿印。

③待：等候。

④菽（shū）：豆类的统称。粟：谷子。五谷菽粟这里泛指各类粮食。

⑤左右：支配，控制。

⑥平贾（jià）：适当的价格。

⑦定：确定。

⑧釜鍾（ōu）：釜、鍾都是古代量器名。

⑨侈弇（chǐ yǎn）：夸大或缩小。

【文意疏通】

《列子·说符》中记载了一个关于契券的小故事：

"有个宋国人在道路上游玩，拾得别人丢失的契券，回家把契券藏起来。秘密地数了契券上的刻痕数量，告诉邻居说：我很快就要发财了。"这个宋国人拾得了契券中属于债权人保管的那一半，他就能拿着这个信物冒充债权人向借债方讨要欠款了，天降横财，自然喜形于色。

《管子》中记载了不少管仲治国的谋略故事，其中一则与契券有关：

齐桓公为拿不出粮食救济战争中死难者的家属而发愁，管仲向他建议应该由国家控制起豪门大族的财物、粮食，以此来控制市场上的物价。管仲让齐桓公召集各类富豪大户，告诉他们："你们各位大夫家里如果有粮食的不能随便支配，我希望能以适当的、平稳的价格向你们收购这些粮食。与你们确定好合同文书以及粮食的具体数量，不能夸大或缩小。"一旦将粮食的数量和收购价格刻在了契券上，这些富户就只能按照合同来执行了。

【义理揭示】

契刻也是古人曾使用过的辅助记事的方法。这种记事方式主要用于交易借贷方面的记数，也可作为符信。古代的契券多由竹木制成，分成左右两部分，在剖开的地方刻上痕迹，刻痕的数量与交易涉及的数量相当。契券左边一半是负债人所立，交债权人保管；右边一半是债权人所立，交负债人保管。使用时需要把左右两券并在一起，若齿痕相合，方能生效。宋国人在路上拾得他人的契券，通

过上面的刻痕数量就知道这笔交易价值不菲。而齐桓公想要收购富商大族的粮食，订立合同时也需要把具体的数量刻在契券上作为凭信。即便在文字发明之后，契刻的符信功用也在延续着。

三 先王画卦

【原文选读】

古者庖牺氏①之王天下也，仰则观象于天，俯则观法于地，观鸟兽之文②与地之宜③，近取诸身，远取诸物，于是始作八卦，以通神明之德，以类④万物之情。

《周易·系辞》

注释：

①庖（páo）牺氏：也写作伏羲，传说为远古部落的领袖之一，教人渔猎畜牧，创制八卦。

②文：形迹。

③地之宜："宜"即"仪"，这里指地理现象。

④类：相似，像。

【文意疏通】

《周易·系辞》是全面阐释《周易》的纲领性文献，它对卦象、爻辞进行了解说，对《周易》中的哲学内涵进行了揭示，其中有一段谈到了八卦产生的背景：

"古代的帝王庖牺氏治理天下的时候，抬头观察天上的星象，俯身观察地上山川河流的形势，以及鸟兽身上的花纹图案和各种地理现象，近的就取法于自身，远的就取法于外物，开始画出了八种卦象，从而会通天地万物的神妙道理，比拟万事万物的情态。"八卦与文字的产生都来源于自然，是古代先民观天察地的结果。

【义理揭示】

八卦作为象征符号，除了计数之外，还可以用来标记不同的物种类别，如三根阳爻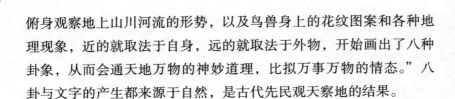就表示"天"，而三根阴爻就表示"地"，这一点与仅仅标记数量的结绳与契刻不同。八卦与汉字属于不同的符号系统，虽然汉字并不是直接产生于卦象，但汉字同样是意象思维的产物，也经历了观法天地万物的创制过程。这或许也可以解释为何八卦会被当作文字的直接来源了。

四 仓颉造字

【原文选读】

黄帝之史仓颉①，见鸟兽蹄迒②之迹，知分理③之可相别异④也，初⑤造书契。

（选自东汉·许慎《说文解字·序》）

昔者仓颉作书而天雨粟，鬼夜哭。仓颉始视鸟迹之文造书契，则诈伪萌生，诈伪萌生则去本趋末、弃耕作之业而务⑥锥刀之利⑦。天知其将饿，故为雨粟；鬼恐为书文所劾⑧，故夜哭也。

（选自西汉·刘安《淮南子·本经》）

注释：

①史：史官。仓颉（jié）：传说中创造文字的始祖。

②蹄迒（háng）：兽类的脚印。

③分理：纹理、脉络或事物间的联系。

④别异：区别。

⑤初：首次。

⑥务：致力，从事。

⑦锥（zhuī）刀之利：比喻十分微小的利益。

⑧劾（hé）：降伏。

【文意疏通】

许慎的《说文解字》是中国第一部系统地分析汉字字形和考究字源的字书，其中的序言部分在一开头就提到了文字的起源问题：

"黄帝的史官仓颉，看到鸟兽的脚印，知道不同种属的文理是可以相区分的，首次创造了文字。"许慎也将汉字的产生归功于圣贤的创造。

《淮南子》中的记载则为仓颉造字的传说增加了更多的神秘色彩：

"从前仓颉造字的时候，天上下了粟米雨，鬼魂在夜里哭叫。仓颉开始观察鸟兽的脚印图案创造文字，有了文字狡诈虚伪就开始萌生，狡诈虚伪萌生大家就舍弃根本追求微末：放弃农事耕作而致力于商业的微小利益。上天知道人们将要挨饿，所以下了粟米雨，鬼魂害怕被文字的威力降伏，所以在夜里哭叫。"

【义理揭示】

仓颉是传说中创造了文字的人，是汉字在创生、整理、规范的漫长过程中出现的代表性人物，他或许确有其人，也或许是虚拟的文化英雄。仓颉从鸟兽的脚印中得到启发创制文字的说法，与汉字具有的描画物体形状的象形特点是一致的。由于文字对于人类生活具有重大的意义，因此古人认为汉字的产生绝不会在悄无声息中进行，种种灵异附会之说由此产生。天雨粟，鬼夜哭的传说就传递出文字在开启智慧，揭示真理方面具有的强大力量。

五 "文" "字" "书" 的由来

【原文选读】

仓颉之初作书也，盖依类①象形，故谓之文②。其后形声相益③，即谓之字。文者，物象之本；字者，言孳乳④而寖⑤多也。著⑥于竹帛谓之书，书者如也。以迄⑦五帝三王之世，改易⑧殊⑨体。封⑩于泰山者七十有⑪二代，靡有同焉。

（选自东汉·许慎《说文解字·序》）

注释：

①类：事物的不同种类。

②文：线条交错的图形。

③益：附加。

④孳（zī）乳：孳生。

⑤寖：逐渐。

⑥著：彰明。

⑦迄：止。

⑧易：变。

⑨殊：不同的。

⑩封：祭祀天地。

⑪有：又。

【文意疏通】

《说文解字·序》还提到了汉字的创制规律，对汉字是如何由少到多，由简入繁给出了解释：

仓颉开始创造文字时，大概是根据事物的不同种类画出它们的图形，因此称为"文"。后来，形旁和声旁组合滋生出来就称为"字"。"文"是源自事物本来的样貌，"字"强调了由衍生而逐渐增多的那部分。写在竹帛上的称为"书"，"书"就是"如"的意思。到了三皇五帝的时代，文字被改变成不同的形体。在泰山上祭祀天地的前后有七十二个朝代，文字形体没有相同的。

【义理揭示】

许慎在《说文解字·序》中从语音的角度解释了"文""字""书"三字的意义，说明了三者的继承、发展和区别。汉字中首先出现了被称为"文"的象形字、指事字，接着产生了被称为"字"的形声字、会意字，当这些字被记录下来，就被称为"书"。三者称谓不同，意义不同，所对应的造字方法也不同。从这三个字的由来就可以大体看出汉字在创制时期的演进轨迹。

六 "六书"之说

【原文选读】

周礼①：八岁入小学，保氏②教国子③，先以六书。一曰指事。指事者，视而可识，察而见意，上下是也。二曰象形。象形者，画成其物，随体诘诎④，日月是也。三曰形声。形声者，以事⑤为名⑥，取譬⑦相成，江河是也。四曰会意。会意者，比类⑧合谊⑨，以见指撝⑩，武信是也，五曰转注。转注⑪者，建类一首⑫，同意相受⑬，考老是也。六曰假借。假借者，本无其字，依声托事⑭，令长是也。及宣王太史籀⑮著大篆十五篇，与古文或异。至孔子书六经，左丘明述《春秋传》，皆以古文，厥意⑯可得而说。

（选自东汉·许慎《说文解字·序》）

注释：

①礼：规范，制度。

②保氏：周朝官职名，掌管教育。

③国子：公卿大夫及贵族子弟。

④诘诎（qū）：弯曲，曲折。

⑤事：象形之物。

⑥为名：造字。

⑦譬：接近。

⑧比类：组合归类。

⑨谊：通"义"。

⑩指撝（huī）：指向。

⑪转注：辗转相注。

⑫建类：设置字类；一首：统一部首。

⑬受：通"授"，授予。

⑭托事：寄托意义。

⑮太史：官名。籀（zhòu）：人名。

⑯厥（jué）意：文字的意义。厥，其。

【文意疏通】

《说文解字·序》第一次系统地阐释了"六书"的具体内涵，并举例配合说明：

根据周朝的规定：儿童 8 岁进入小学学习，保氏先用"六书"来为这些贵族子弟们开蒙。其一称作指事。所谓指事字，就是见到就能认识，仔细观察就能明了意思的字，例如"上"、"下"二字。其二称作象形。所谓象形字，就是画出所要表示的事物，线条随着事物的形体轮廓而弯曲，例如"日"、"月"二字。其三称作形声。所谓形声字，就是根据事物的形貌造字来表示它的意义，再选取一个读音近似的声旁来配合成字，例如"江"、"河"二字。其四称作会意。所谓会意字，就是组合几个不同的字，归并它们的意义以表示一个新的含义，例如"武"、"信"二字。其五称作转注。所谓转注字，就是设置不同的字类，统一的部首表示统一的含义，用同义的字辗转授意，例如"考"、"老"二字。其六称为假借。所谓假借字，是指本来没有这个字，借用一个读音相近的字来代表它的意义，例如"令"、"长"二字。在周宣王的时代，有个名叫籀的太史写下十五篇大篆，其中收录的字与古文的字体稍有差异。到了孔子编写六经，左丘明写《春秋左氏传》，用的字体都是古文，那些字的含义还能够弄清楚。

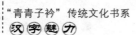

【义理揭示】

在汉字创制之初，人们就将字的形体与它代表的含义、读音紧密地联系在一起。在对造字方法的研究中，较早出现的有系统的理论当属"六书"说。许慎在《说文解字·序》中最早解释了"六书"的具体内涵。"六书"说产生于一千八百年前，所归纳的是古汉字的造字方法，对后世又经过剧烈变化的汉字并不完全适用，而且理论本身也存在界限模糊、定义含混的地方。但无论如何，"六书"说对了解汉字的构成，弄清字音、字形与字义之间的关系都具有深远的影响。

七 周秦文字演变

【原文选读】

其后诸侯力政①，不统于王，恶礼乐之害己，而皆去其典籍。分为七国，田畴异亩②，车途异轨③，律令异法，衣冠异制，言语异声，文字异形。秦始皇初兼天下，丞相李斯乃奏同④之，罢其不与秦文合者。斯作《仓颉篇》，中车府令⑤赵高作《爰历篇》，太史令⑥胡毋敬作《博学篇》⑦，皆取史籀大篆，或颇省改⑧，所谓小篆也。是时秦烧灭经书，涤除旧典，大发隶卒，兴役戍，官狱职务日繁，初有隶书，以趣⑨约易，而古文由此绝矣。

（选自东汉·许慎《说文解字·序》）

注释：

①力政：以武力相征伐。政，即"征"。

②田畴（chóu）：泛指田地。异亩：不同的丈量单位。

③轨：车子两轮间的距离。

④同：统一。

⑤中车府令：秦朝官名，掌管乘舆。

⑥太史令：掌管天时、历法、星象的官职名。

⑦《仓颉篇》《爰（yuán）历篇》《博学篇》：古代字书。

⑧省（xǐng）改：省察改正错误。

⑨趣：趋向。

【文意疏通】

  《说文解字·序》还对文字产生之后在历史发展中的演变过程进行了概述，从春秋战国到秦之间汉字大体经历了古文（大篆）、小篆、隶书三个阶段：

  孔子、左丘明尚使用周朝通行的古文进行著述，之后不久进入了战国时代。各国诸侯依靠武力互相征伐，不服从周王的命令。他们厌恶礼乐规范妨碍自己的僭越行为，因此废弃了周朝的典章制度。天下分为七个大国，彼此之间田地划分制度不同，车辙路轨的宽窄不同，法律政令不同，衣冠式样不同，语音语调不同，文字形体不同。秦始皇刚统一天下时，丞相李斯上书建议统一各种混乱的制度，废除与秦国文字不同的其他书体。为了推行新的统一书体，李斯写了《仓颉篇》，中车府令赵高写了《爰历篇》，太史令胡毋敬写了《博学篇》，都取法于太史籀的大篆字体，有的稍微进行了一些改变，这就是小篆了。那时秦朝焚烧了经书，废除了旧的典籍，大量征召奴隶戍卒，进行徭役卫戍，官府的诉讼工作日益繁

杂，书写量增大，于是开始出现了隶书，以求书写方便，古文也就从此断绝了。

【义理揭示】

秦代是文字演变的关键时期，为了满足统一国家的政治文化需要，秦朝统一了六国文字，官方正体——小篆由此产生。相比于周朝时史籀的大篆，小篆更加简化，线条也更为圆滑，但它仍然属于象形成分较浓的古文字系统，书写时必须中锋用笔，无法满足快速书写的需要，因此隶书开始从民间兴起。到了汉代，隶书正式成为官方认可的书写形式，历史上将由篆书进入到隶书的书体演化进程称为"隶变"。

八 程邈创隶

【原文选读】

案隶书者，秦下邽①人程邈所造也。邈字元岑，始为衙县②狱吏，得罪始皇，幽系③云阳狱中，覃思④十年，益⑤大小篆方圆而为隶书三千字。奏之始皇，善之，用为御史。以奏事繁多，篆字难成，乃用隶字。以为隶人佐⑥书，故曰隶书。

（选自唐·张怀瓘《书断》）

注释：

①下邽（guī）：地名，在陕西省渭南县。

②衙县：旧时对官署的称呼。

③幽：囚禁；系：捆绑，束缚。

④覃（tán）思：深思。

⑤益：即"易"，改变。

⑥佐：辅助。

【文意疏通】

古代不少文献中都记载有书体的创制故事，这些故事往往也带有传奇色彩，其中隶书相传是程邈所创：

隶书这种书体是秦朝下邽人程邈创造的。程邈字元岑，开始是县衙官署负责诉讼文书的小官吏，获罪后被秦始皇囚禁在云阳的监狱中。他苦思十年，改变大篆小篆的形状线条，创造出隶书三千字。上报给秦始皇后，得到赞赏，被任用为御史。因为官府需要奏报的事件文书繁杂，用小篆难以完成，才用隶书。当时下级的仆吏、奴隶和罪人都可以被称为"隶"，程邈以罪人之身发明了新的书体，这种书体又主要是小吏们辅助快速书写使用的，因此称为隶书。

【义理揭示】

程邈修改篆书，创造隶书的故事只是一个传说，书体的演进变化绝非一时一人之力。但以程邈为代表的广大下层民众在汉字演进过程中所贡献出的智慧，使得方便书写的隶书代替了圆转难书的小篆，最终成为了一场自下而上的书体改革，开启了数千年的方块字时代。

九 王次仲创隶

【原文选读】

王次仲者，古之神仙也。当周末战国之时，合纵连横①之际，居大夏小夏山。以为②世之篆文，功多而用寡，难以速就③，四海多事，笔札所先④。乃变篆籀之体为隶书。始皇既定天下，以其功利于人，征⑤之入秦，不至。复命使召之，敕⑥使者曰："吾削平六合，一统天下，孰敢不宾⑦者！次仲一书生而逆天子之命，若不起，当杀之，持其首来，以正风俗，无肆⑧其悍慢⑨也。"诏使至山致命⑩，次仲化为大鸟，振翼而飞。使者惊拜曰："无以复命，亦恐见杀⑪，惟神人悯之。"鸟徘徊空中，故堕⑫三翮⑬，使者得之以进⑭。始皇素好神仙之道，闻其变化，颇有悔恨。今谓之落翮山，在幽州界，乡里祠之不绝。

（选自五代·杜光庭《仙传拾遗》）

注释：

①合纵连横：战国时期纵横家所宣扬并推行的外交和军事政策。

②以为：认为。

③就：完成。

④先：首要的事情。

⑤征：征召。

⑥敕（chì）：尊长告诫后辈或下属。

⑦宾：服从，归顺。

⑧肆：放肆。

⑨悍慢：蛮横怠慢。

⑩致命：传达命令。

⑪见杀：被杀害。

⑫堕：落下。

⑬翮（hé）：鸟羽的茎。

⑭进：进献。

【文意疏通】

书体的创制故事有许多不同的版本，其中不乏神话色彩浓厚的内容：

王次仲是古代的神仙。在周朝末年，诸侯互相征讨攻伐，争夺霸主，谋臣策士到处游说，推行合纵连横的策略，王次仲为避乱世，隐居在大夏山、小夏山一带。他认为当时世上使用的篆书，写起来费工夫，用处不广，平民百姓很难在短时间内学会。天下大乱的时候，文字的流传和普及是非常重要的。于是他改史籀的篆书为隶书。秦始皇统一天下以后，认为王次仲的功劳有利于大众，征召他去秦朝为官，但他不去。皇帝再次命令使者召唤他，并告诫使者说："我平服了六国，统一了天下，有谁敢不顺从我的呢！王次仲不过是一个书生而已，竟敢违抗天子的命令。如果他再不肯来，就杀掉他，带着他的脑袋来复命，这样就可以纠正天下的不良风气了，不能纵容他蛮横怠慢。"使者到山中传达了皇帝的命令，王次仲变化为一只大鸟，振翅高飞而去。使者受惊跪拜说："我没有办法回去复命，也担心自己因没有完成任务而被杀掉，希望得到您的怜惜。"大鸟在空中回旋不已，落下了三根羽毛，使者拿着羽毛进献给皇帝复命。秦始皇向来喜欢求仙访道，追求长生，听说王次仲变化的事，感到非常悔恨。现在所谓的落翮山，在幽州地界，附近的乡间百姓一直祭拜不断。

【义理揭示】

王次仲是传说中对书体演进具有重要贡献的人物之一。在后世的不断附会中，他的形象也越来越充满神异色彩。作为隶书的创制者，王次仲是广大百姓阶层的代表，与残暴不仁并且控制文化的统治者处在对立的位置。从这样的故事中，不难看出文字的简化普及是人们共同的心愿。

✚ 蔡邕学书

【原文选读】

后汉蔡伯喈①，入嵩山学书，于石室内得素书②，八角垂芒③，颇似篆籀④，写李斯、史籀等用笔势。喈得之不食三日，唯大叫欢喜，若对古人。喈遂读诵三年，妙达其理，用笔特异，汉代善书者咸称焉。喈乃写《五经》于太学，观者如市，叹羡不及。

（选自宋·陈思《书苑菁华》）

注释：

①蔡伯喈（jiē）：蔡邕，字伯喈，东汉时期著名文学家、书法家，蔡文姬之父。

②素书：写在绢素上的字。

③八角垂芒：运笔锋利，八面得势。

④篆籀：指大篆和小篆。

【文意疏通】

古代不少著名的书法家都有勤奋练字、痴迷书法的故事，尤其是那些在书体规范与创新方面功不可没的人物，与之相关的故事往往是真实历史与附会传说相结合的产物：

东汉的蔡伯喈，进嵩山学习书法，在山间石洞里发现了素书。素书上面的字运笔锋利，八面得势，与大篆、小篆字体很像，写了李斯、史籀等人的用笔方法。蔡邕得到这本书后三天都不想吃饭，只知道欢喜大叫，好像面对着书中的古人一样。蔡邕把这本书诵读了三年，悟尽书中的精妙道理，所以他的用笔与旁人不同，汉代的书法家都推崇他。蔡邕于是在太学里书写了《五经》，观看的人热闹得像赶集一样，大家都叹服羡慕不已。

【义理揭示】

蔡邕是汉字书法演进过程中承前启后式的重要人物，他善写隶书，他的隶书结构严整，体势多变，是汉隶的集大成者。在传说故事中，蔡邕正是得到了史籀、李斯的真传，才能有如此造诣的。历史上，蔡邕也确实曾在太学门外的石碑上刊刻《五经》，防止典籍文字穿凿附会，帮助学子矫正谬误。这些石碑被称为"熹平石经"，代表了汉代隶书的最高成就。

 钟繇呕血盗墓

【原文选读】

魏钟繇①，字元常。少随刘胜入抱犊山，学书②三年，遂与魏

太祖、邯郸淳、韦诞③等议④用笔。繇乃问蔡伯喈《笔法》于韦诞，诞惜不与。乃自捶胸呕血。太祖以五灵丹救之，得活。及⑤诞死，繇令人盗掘其墓，遂得之。由是繇笔更妙。繇精思学书，卧画被⑥穿过表⑦，如⑧厕终日忘归。每见万类，皆书象之。繇善三色书⑨，最妙者八分⑩。

（选自南朝宋·羊欣《笔阵图》）

注释：

①钟繇（yáo）：三国魏大臣，善书法，师法曹喜、蔡邕、刘德升，兼擅各体，尤精隶、楷。

②书：书法。

③魏太祖：即曹操。邯郸淳：魏文学家，对文字、书法很有研究。韦诞：三国魏书法家。

④议：讨论。

⑤及：等到。

⑥画被：用手在被子里练习比画。

⑦表：表面。

⑧如：到，往。

⑨三色书：书法论术语。指钟繇三体书：铭石书、章程书、行押书。

⑩八分：汉字书体名。字体似隶而体势多波折。

【文意疏通】

与蔡邕一样，钟繇也对书体的演进具有卓越贡献，与他相关的汉字故事也颇为传奇：

三国时期魏国的钟繇，字元常，年少时跟着刘胜在抱犊山学习过三年书法，于是和魏太祖、邯郸淳、韦诞等人讨论写字运笔的方

法。钟繇曾向韦诞借阅蔡邕的《笔法》一书，韦诞吝惜不肯借。钟繇气得捶胸吐血，几乎丧命，是太祖用五灵丹救活了他。等到韦诞死后，钟繇让人盗挖了他的坟墓，才得到了那本书。从那以后钟繇的书法更为精妙了。钟繇精心学习书法，睡在床上还要用手在被子里比画练习，把被面都穿过了。去厕所时也想着书法的事，待了一整天忘记回来。每次见到各类事物，都要用笔临摹。钟繇擅长三色书，写得最好的是八分体。

【义理揭示】

钟繇是传说中楷书的开创者，他师法汉代工于篆隶的曹喜、善于八分体隶书的蔡邕、长于行书的刘德升，集诸家之大成，对扁平的隶书进行了革新，创造出正方的楷书。这种革新是建立在对前代书法精湛娴熟的掌握之上的，故事中钟繇对蔡邕论著《笔法》的痴迷向往，以及废寝忘食的研习都证明了这一点。

十二 张颠草书

【原文选读】

往时①张旭②善草书，不治③他技。喜怒窘穷④，忧悲、愉佚⑤、怨恨、思慕、酣醉、无聊、不平，有动于心，必于草书焉发⑥之。观于物，见山水崖谷，鸟兽虫鱼，草木之花实，日月列星，风雨水火，雷霆霹雳，歌舞战斗，天地事物之变，可喜可愕⑦，一寓⑧于书。故旭之书，变动犹鬼神，不可端倪⑨，以此终其身而名后世。

（选自唐·韩愈《送高闲上人序》）

注释：

①往时：曾经。

②张旭：字伯高，今苏州人，与李白、贺知章等共列"饮中八仙"。善写草书，性格豪放不羁，嗜酒，常酩酊大醉，呼叫狂走，然后落笔成书，甚至以头发蘸墨书写，被称为"张颠"。后怀素继承并发展了他的笔法，两人并称为"颠张醉素"。

③治：从事。

④窘穷：困窘穷愁。

⑤愉佚（yì）：即"愉逸"，安逸、快乐。

⑥发：抒发。

⑦愕：惊讶。

⑧寓：寄托。

⑨端倪：揣测，捉摸。

【文意疏通】

汉字之所以能给人以丰富的联想和美的感受，与书法本身的抒情性有关，在古代书法家中张旭以书寄情的造诣堪称典范，对此韩愈在《送高闲上人序》中有精彩的论述：

以前张旭擅长草书，不修习别的技艺。喜怒困愁，无论是忧郁悲伤、安逸快乐，还是怨恨、思慕、酣醉、无聊、不平，只要内心有所触动，必然用草书来抒发感情。在观察事物时，看见山水崖谷、鸟兽虫鱼、草木的花朵果实、日月星辰、风雨水火、雷霆霹雳、歌舞战斗等情景，只要是天地万物的变化，总会令人感到喜悦或惊讶，这些都可以在张旭的书法中体现出来。因此张旭的书法，如鬼神般变幻无穷，难以捉摸，因此享誉终身并流传后世。

【义理揭示】

书法绝不仅仅是书写的方法和技巧，它也深刻地表现着人们的内心情感。张旭将自己的情感波澜和由外物引发的审美感受都通过草书表现出来，鉴赏者自然也能从中感受到强烈的情感力度。这种情感力度体现在每个字的用笔、结字、章法、用墨上。情有轻重、悲喜、忧乐的变化，字也相应地有敛舒、险丽、浅深的呼应，这才是书法的大境界。

十三 文字为本

【原文选读】

盖文字者，经艺①之本，王政之始，前人所以垂②后，后人所以识古。故曰："本立而道③生"，"知天下之至啧④而不可乱⑤也"。

（选自东汉·许慎《说文解字·序》）

注释：

①经艺：各类经书典籍。

②垂：流传。

③道：道德。

④至啧（zé）：深远之理。

⑤乱：错乱，违背。

【文意疏通】

文字是各类经书典籍的基础，是政治教化的本源，前人通过文字传递文化给后人，后人通过文字了解前代。所以说："基本建立了，道德至理才能产生"，"知道天下的深奥道理就不会错乱"。

【义理揭示】

这一段谈到了文字的功用问题，文字不但直接服务于文化教育，服务于政治，也是历史文化得以相继不绝的关键。同时文字能使人们从变化万端的客观事物中获得一种秩序，获得共同的文化心理内蕴。这也是一个民族得以凝聚的认知基础。

文化倾听

在世界四大古文字体系中，古埃及的圣书，两河流域的楔形文以及美洲的玛雅文都早已废弃，成为历史教科书上缅怀瞻仰的对象。只有中国的汉字，从诞生起经过不断的发展、演变、革新，一直承续不绝，贯通古今，数千年的文明也赖以保存。为何汉字能具有如此强大的生命力呢？汉字的构造又反映了中华民族怎样的思维方式和审美情趣？追源溯流，探寻汉字创造之初的秘密，将有助于这些问题的解答。

历史上，关于汉字的起源问题众说纷纭，历史上常见的说法有结绳起源说，契刻起源说，八卦起源说，仓颉造字说。其中结绳、契刻与八卦都是辅助记事的方式，与文字属于不同的符号系统。它们虽然都不是汉字的直接来源，但对文字的产生具有启示作用。现

代学者根据考古发现，又提出了图画起源说，认为介于图画和文字之间的具有表意作用的文字画才是汉字的渊源所自。随着人类智慧的不断发展，具象的图画成分渐渐向抽象的文字成分偏移，最终汉字从图画中分离出来，并进一步发展成为象形文字。无论是结绳、契刻、八卦或是图画，都认可了汉字不是一时一地的产物，而是经历了漫长的发展过程，经由无数的先民不断尝试摸索才形成规模和秩序的。而且显然我们的先祖对具体可感、望而晓义的记忆方式十分青睐，这或许也可以解释为何汉字中首先出现的是象形字和指事字。

在汉字的起源演化过程中，出现了许多文化英雄的传奇故事。在故事中他们往往承担着创制或变革文字的艰巨任务，甚至还需要与控制文化资源，妄图隔绝民众智慧的强大统治力量相抗衡。由于这些文化英雄的变革举措往往能给大众带来文化上的便利与恩惠，因此在不断翻新的故事中他们都成为了超越凡人的神圣存在，受到崇拜与祭祀。仓颉造字会引起天雨粟，鬼夜哭的神异现象，在一些传说中他甚至长有四只眼睛，因此才能上观天文，下察地理。创制隶书的王次仲本身就是长生的神仙，他变篆书为隶书则是为了拯救乱世中蒙昧不通文字的百姓。对书体演变具有重要促进作用的蔡邕、钟繇也是在奇遇中获得了指引，才成就了集大成者和变革者的地位。这些故事也反映出文字本身就是非凡智慧的体现，这种智慧受到了人们普遍的尊敬与认可，因此能掌控文字的人自然也就是奇人异士了。虽然汉字在实际上并非由一人之力创造或革新，但人民大众需要将这种崇拜与敬畏寄托在一个具体的对象身上。

汉字不可能在草创之初就一下子完备，大量的汉字都是应该根据一定的规则逐渐增添的。那么造字法则究竟是什么呢？汉代的学者根据古汉字的结构推测归纳出了较为系统的理论，这就是"六书说"。其中象形、指事、会意、形声被认为是造字之法，而转注、假借并不会产生新的汉字，被认为是用字之法。"六书说"自产生以后，为解释汉字的构成提供了现成可用的理论依据，也成为日后造字的指导原则，具有非常重大的影响。但由于"六书"理论并不是先于汉字出现的，而是事后的一种归纳推理，因此不可能完全符合汉字的创造实际。现代的学者为了完善汉字结构理论，又提出了"三书说"，把汉字构造分为象形、象意、形声三类。而无论怎样变化，目前对汉字构造的认知都无法脱离汉代就形成的总体框架。这也能说明我们对本民族的文字具有高超的科学探究精神和理论研究能力。正是有了这样的保证，汉字才能在不断的革新变化中获得新的生命。

许慎在《说文解字·序》中强调文字是"经艺之本，王政之始"，他想从文字研究的角度为文化发展与政治教化作出贡献，而不是仅仅着眼于字词的考据训诂。这种态度不仅是他个人编写《说文解字》的精神内核，也代表了千百年来所有痴迷汉字、探究汉字的人们的共同心愿吧。

文化传递

甲骨文的发现与研究是从近代才开始的，虽然恰逢乱世，家国沦落，但一批又一批的文人学者不计成本地投入大量的时间、金钱、精力孜孜不倦地研究、钻研，最终不但基本厘清了甲骨文的造字规则，字形字义，甚至还与商代历史互证，使商史研究前进了一

大步。这些成果的取得不仅仅是出于对文字研究本身的兴趣，也是文化传承不灭，民族精神恒在的表现。

　　在我国河南省有一个安阳县，此处原本是商朝都城"殷"的所在地，曾经也是文明发达的大都市。只是经过几千年的历史变迁，到了晚清，安阳已经成为最普通不过的县城，周围遍布农田。安阳县小屯村的农民耕作时常常能从地里翻出一些白色的骨头片，以及一些铜器、玉器之类的古董。古董自然被拿去卖掉，而这些白色的骨头片看上去实在无用，要么被农民们砸碎了充作肥料，要么被随意丢弃在田间地头。到了1880年前后，小屯村有个叫李成的农民，因为身患严重的疮病，皮肤溃烂又无钱买药医治，无奈之下从河边捡来一些骨头片碾成粉末敷在疮口上，没想到脓水竟然被吸干了，血也止住了。李成之所以敢用这些骨头片治病，是因为中医的中药里就有一味药叫作"龙骨"，民间传说认为这是龙的蜕骨，可以入药。李时珍的《本草纲目》中也有记载，说它能生肌防腐、镇静安神，可以治疗刀伤。而实际上，这些所谓的"龙骨"就是古代爬行或脊椎动物的骨骼经过漫长的风化而形成的。李成用白色骨头片治病的消息轰动了整个村庄，此后大家纷纷收集这些骨头片，当作"龙骨"卖给安阳的中药铺。慢慢地，安阳的中药铺又用更高的价格将这些效果神奇的"龙骨"转销到京城等地。在被当作治病良药贩卖的过程中，不少人都发现骨片上有字痕，但没有人去细究这些字的来历，反而觉得有字的骨片作药材不合格，想尽办法刮去字迹，或者干脆将字多的骨片磨成粉再卖。

　　直到1899年，担任清朝国子监祭酒的王懿荣患病，医生开出的药方里就有一味"龙骨"。药买回来后，细心的王懿荣发现骨片上刻有文字，这些文字与古代的篆书相近但又有所不同。作为金石学家的王懿荣对此充满了兴趣，他去抓药的药铺买回了所有的"龙骨"。细细研究后，王懿荣断定这些字痕应该属于殷商时期，因为文字大多被刻在龟的腹甲和牛、羊、猪的肩胛骨上，因此合称为"甲骨"，这些字就被他命名为"甲骨文"了。此后王懿荣出高价大量购买甲骨，想要继续研究。王懿荣发现甲骨文，在当时的文人、学者中也引起了轰动，大家纷纷抢购甲骨。

　　不过，关于甲骨文的发现，一直以来都有不同的版本。有人认为，当时药铺里出售的甲骨都被砸成一厘米大小的碎片，上面的字痕也早被抹去，王懿荣是不可能发现的。也有人说安阳由于是殷商都城旧址，一直以来都有大量的文物出土，因此成为古董商人青睐的文物收购地。1899 年一个叫范维清的古董商人在安阳小屯村收购文物时，抱着试试看的心态随意从当地村民手里买了少量的"龙骨"，带到天津请懂文物的朋友鉴定。天津的朋友虽然认为"龙骨"上的字迹是古文字，但碍于他们名望不大，言论难以服众，因此范维清又特意到北京请当时在古文字和金石学研究方面声名卓著的王懿荣来鉴定，这才有了甲骨文的发现。

　　王懿荣发现甲骨文后，还没来得及深入研究，就在八国联军攻占北京时殉国而亡。接续王懿荣继续收集整理甲骨的是写出了《老残游记》的晚清名人刘鹗，他在许多领域都有建树，对金石学也有兴趣。刘鹗第一次见到甲骨文，就是在王懿荣的家中。因此，当王懿荣的儿子为了生计开始变卖家产时，刘鹗毫不犹豫地以高价买下了王懿荣积攒下来的上千片甲骨。此外，他还托付古董商到处帮他收购甲骨，甚至让自己的儿子亲自去河南地区搜集购买，在花费了大量的人力、物力之后，刘鹗共收集甲骨五千多片，成为当时首屈

一指的甲骨收藏大家。在此基础上，刘鹗选取了一千余片甲骨拓印成书，名为《铁云藏龟》，这是我国第一部甲骨文专著。由于是拓印，《铁云藏龟》很好地保留了甲骨文的样貌，扩大了甲骨文的影响力和流传范围，为文人学者们研究甲骨文提供了极大的便利。

《铁云藏龟》出版后不久，孙诒让就根据此书写出了一本考释专著，名为《契文举例》。孙诒让凭借着自己在经学、文字学、文献学等领域的扎实功底和深厚的家学渊源，在未接触实物只面对拓印本而且印本中文字时有残缺的情况下，考释出 185 个甲骨文的含义，为后世的甲骨文研究树立了范本，取得了开创性的成果。

除了这几位引领风气之先的人物，在甲骨文早期的研究中，还有四位名家具有突出的贡献，分别是罗振玉、王国维、董作宾、郭沫若。由于这四人的字号中都有"堂"字，也被称为"甲骨四堂"。此处只简单介绍罗、王二人在甲骨文领域的重要建树。

罗振玉一生喜好金石文物，甲骨文被发现以后，他一直十分关注，刘鹗的《铁云藏龟》就是在他的鼓励下完成的。罗振玉还为此书作了序。1906 年，罗振玉赴京城任职学部参事，北京城的爱古好古风气为他搜集甲骨文提供了便利。当时的文物商人为了垄断甲骨买卖，不肯透露甲骨出土的真正地点，收藏家也都是云里雾里，莫衷一是。罗振玉花重金收买了一位古董商，终于打听到甲骨都来自安阳。于是他到处托人从安阳大量收购甲骨，并且自己亲赴安阳考证，确定了甲骨的出土地点。罗振玉认为这些甲骨埋藏在地下几千年，脆弱易毁，稍有不慎，就会湮灭不存，因此当务之急是尽量收集和保存这些珍贵的文物，相关研究反而可以稍后再进行。怀着这种抢救珍稀甲骨的心情，罗振玉前后共收集了三万多片甲骨。为了留存后世，他根据这些收藏编印了《殷墟书契前编》《后编》

《续编》《菁华》四部甲骨拓片集，里面收录了五千多片甲骨文字，为甲骨文的保存与流传作出了重要的贡献。如果没有罗振玉的全力收集与整理，后世的甲骨文研究将会失去许多基本资料。此外，他还著有《殷墟书契考释》一书，考释出 485 个甲骨文字。这部书成为后人研究甲骨文的入门读物，也成为中国古文字学的重要著作。

王国维是罗振玉的密友，也是著名的国学大师。他在帮助罗振玉校对《殷墟书契考释》时，对甲骨文发生了浓厚的兴趣。经过勤奋的研究，1917 年王国维发表了《殷卜辞中所见先公先王考》一文，刷新了甲骨文研究的新高度。一直以来，夏、商、周三代的历史由于缺乏文献资料的验证，遭到不少人的怀疑，甚至有人怀疑夏、商、周朝是否真正存在过。王国维将甲骨文中发现的商代人名与《史记》互相对照，证实了司马迁在《史记》中对商朝的描述是可信的，也证明了商朝确确实实存在于中国的历史之中。他甚至根据甲骨文中的发现，修正了司马迁在《史记》中对商朝谱系的排列，还原了商朝变迁的真相。王国维是将地下出土文献与地上所保存的文字记载互相印证来解答上古史疑难的第一人，他不但将甲骨文的研究推进到历史考证的新阶段，也为后世的史学研究提供了全新的方向。

文化感悟

1. 在汉字起源的传说中，你认为哪一个比较接近历史真相？为什么？

2. 王懿荣、刘鹗、罗振玉、王国维等人前仆后继，不惜一切

代价搜集、整理、研究商代甲骨文，是源于什么样的文化心态？

　　3. 在电子产品普及的现代社会，需要人们一笔一画写字的机会越来越少了，不少学生在面对作业时也不忘问老师一句：我可以交打印稿吗？还有人认为随着无纸化时代的到来，会不会写字，字写得怎么样已经越来越不重要了。你认为我们对传承千年的方块字应持怎样的态度？还需要从小认真练习书写吗？

汉字魅力

第二章　字谜析衍

文化典籍

一　绝妙好辞

【原文选读】

　　魏武①尝过曹娥碑②下，杨修③从，碑背上见题作"黄绢幼妇，外孙齑白④"八字。魏武谓修曰："解不?"答曰："解。"魏武曰："卿未可言，待我思之。"行三十里，魏武乃曰："吾已得。"令修别记所得。修曰："黄绢，色丝也，于字为'绝'。幼妇，少女也，于字为'妙'。外孙，女子也，于字为'好'。齑白，受辛⑤也，于字为'辞'。所谓'绝妙好辞'也。"魏武亦记之，与修同，乃叹曰："我才不及卿，乃觉⑥三十里。"

（选自南朝宋·刘义庆《世说新语》）

注释：

　　①魏武：即曹操，其子曹丕称帝后，追尊他为魏武帝。

②曹娥碑：东汉时，孝女曹娥为寻找被淹死的父亲的尸体，沿江号哭七日，最后投水而死。人们为表彰她的孝义立碑纪念，称为曹娥碑。

③杨修：东汉末期文学家，以才智过人著称，曾任曹操主簿，后被曹操所杀。

④齑（jī）臼（jiù）：用来盛装和研磨调味料的器具。齑，捣碎的姜、蒜、韭菜之类的碎末；臼，用木材或石头制成的用来捣碎谷物或其他东西的器具。

⑤辛：五味之一，辣味。

⑥觉：领悟。

【文意疏通】

曹娥碑正面的碑文出自东汉末年的大才子邯郸淳之手，内容是赞颂曹娥的孝义德行的。传说邯郸淳创作碑文时文不加点，一挥而就，而且文采斐然，因此曹娥碑很快闻名天下。后来东汉著名文学家、书法家蔡邕慕名观碑，读毕在碑后写了八字隐语。但这八个字的含义长期无人能破解。《世说新语》中记录了杨修破解曹娥碑字谜的故事，他也是历史记载中破解此谜的第一人：传闻中杨修曾经跟从曹操路过曹娥碑，看到碑的背面写了"黄绢幼妇，外孙齑臼"八个字。曹操问杨修："你能不能破解此谜？"杨修当场回答可解。曹操阻止杨修说："你先别说答案，等我想一想。"走了三十里之后，曹操才说："我已经想到了。"命令杨修另外记下他的谜底。杨修解释说："黄色的娟，即有颜色的丝，是'绝'字；幼小的妇人，即年少的女子，是'妙'字；外孙，即女儿之子，是'好'字；齑臼这个工具，是用来接受辛味的，是'辤'（'辞'的异体字）字。合起来就是'绝妙好辞'的意思了。"曹操也写下了他想到的谜底，跟杨修一样，于是感慨说："我的才能比不上你，走了三十里才领悟过来。"

【义理揭示】

通过对"黄绢幼妇，外孙齑臼"字面含义的合理推衍，可以得到同义的新词，将新词在字形上进行组合，就得到了谜底。"绝妙好辞"的典故因为构思奇巧流传千古，这四个字至今还用来表达对诗文的赞美。

二 吕安题凤

【原文选读】

嵇康①与吕安②善③，每一相思，千里命驾④。安后来，值康不在，喜⑤出户延⑥之，不入。题门上作"凤"字而去。喜不觉⑦，犹以为欣。故作"凤"字，凡鸟也。

（选自南朝宋·刘义庆《世说新语》）

注释：

①嵇（jī）康：字叔夜，魏末、西晋初人，博学多才，以狂放著称，"竹林七贤"之一。

②吕安：字仲悌，魏晋名士，与嵇康是至交。

③善：交好。

④千里命驾：命人驾车前往，不以千里为远。

⑤喜：嵇喜，字公穆，嵇康兄长。

⑥延：邀请。

⑦觉：察觉，领悟。

【文意疏通】

　　魏晋时期的名士大多恃才傲物，蔑视礼法，行为狂放不羁，对于谨守礼仪，遵从世俗的人往往看不起。嵇康与吕安都属于这类人物。两人是好朋友，情谊深厚，每当吕安想念嵇康时，无论身处多远，也会让人驾车前往。有一次吕安去晚了，正好嵇康不在家，嵇康的哥哥嵇喜出门相迎，邀请他到家里坐。吕安没有进去，在门上写了个"凤"（繁体"鳳"）字就走了。嵇喜不理解其中的含义，还为这个字感到欢喜。吕安之所以写"凤"（繁体"鳳"），因为拆开就是"凡鸟"二字。

【义理揭示】

　　吕安认为嵇喜是庸才，不想与他交往，但碍于情面也不好直言，就在门上留下字谜委婉表明态度。这个"凤"（鳳）字同样是通过离合汉字的方式被赋予了深意。

三　陛下赐名

【原文选读】

　　贺知章①秘书监②，有高名，告老归吴中，上③嘉重④之，每事优异⑤焉。知章将行，涕泣辞上。上曰："何所欲？"知章曰："臣有男未有定名，幸陛下赐之，归为乡里荣⑥。"上曰："为道之要莫若信，孚⑦者，信也。履信思乎顺⑧，卿子必信顺之人也，宜名之曰'孚'。"知章再拜而受命。知章久而谓人曰："上何谑我耶？我实吴人，孚乃'爪'下为'子'。岂非呼我儿为爪子⑨耶?"

（选自唐·郑綮《开天传信记》）

注释：

①贺知章：字季真，唐代诗人，以文词知名，性情旷达，善诙谐。

②秘书监：官名，掌管禁中图书秘籍，校订异同。

③上：指皇帝唐玄宗。

④嘉重：嘉许器重。

⑤优异：特别厚待。

⑥荣：荣耀。

⑦孚（fú）：信用，诚信。

⑧顺：和顺、柔顺。

⑨爪子：吴地方言指蠢材、笨蛋。

【文意疏通】

　　唐代诗人贺知章曾任秘书省最高长官，有很高的名望，告老还乡回到吴中。唐玄宗一向对他嘉许器重，事事优待非常。贺知章临走时，流着眼泪跟唐玄宗告别。玄宗问他："你还想要什么?"贺知章回答："我有个儿子，名字还没有确定下来，请陛下赐个名字，回去也好作为乡里的荣耀。"玄宗说："为人之道最重要的就是诚信，'孚'就是'信'的意思。如果能够履行信用，思想上就会忠顺柔和。你的儿子必定是个履信思顺的人，适合取名为'孚'。"贺知章拜了又拜，接受了君命。过了许久，贺知章对人说："皇上为什么要戏弄我呢? 我本来是吴地人，'孚'字拆开是'爪'下有'子'，这岂不是称呼我的儿子为'爪子'吗?"在吴地方言里，爪子就是笨蛋、傻瓜的意思，可惜等贺知章明白了皇帝的戏弄，为时已晚。

【义理揭示】

唐玄宗表面上振振有词地向贺知章解释"孚"字的美好寓意，暗中又戏弄了他。一个字从字形、字义、字音的不同角度入手，可以有不同的联想与引申，而且往往差异甚大，一时难以厘清。因此即便是管理图书典籍的贺知章，也很久之后才明白自己原来被皇帝戏弄了一番。

四　天下无比

【原文选读】

太保①令狐相②出镇③淮海日，支使④班蒙与从事⑤俱游大明寺之西廊。忽睹前壁题云："一人堂堂，二曜⑥重光，泉深尺一⑦，点去冰旁，二人相连，不欠一边，三梁四柱烈火然⑧，添却双钩两日全。"诸宾至而顾之，皆莫能辨。独班支使曰："'一人'非'大'字乎？'二曜'者，日月，非'明'字乎？尺一者，十一寸，非'寺'字乎？点去'冰'旁，'水'字也。'二人相连'，'天'字也。'不欠一边'，'下'字也。'三梁四柱烈火然'，'无'字也。'添却双钩两日全'，'比'字也。以此观之，得非'大明寺水天下无比'八字乎？"众皆恍然曰："黄绢⑨之奇智，亦何异哉？"称叹弥日，询之老僧，曰："顷年⑩有客独游，题之而去，不言姓氏。"

（选自唐·冯翊《桂苑丛谈》）

注释：

①太保：辅佐君王之官，多为重臣加衔，以示恩宠。

②令狐相：指唐代大臣令狐绹，他曾经当过宰相。

③出镇：离开京都去镇守地方。

④支使：官名，唐时节度使、观察使的属官。

⑤从事：官名，州郡长官的僚属。

⑥曜（yào）：日、月、五星的统称。

⑦尺一：一尺一寸。

⑧然：即"燃"。

⑨黄绢：指杨修破解"黄娟幼妇"字谜的事。

⑩顷（qǐng）年：近年。

【文意疏通】

唐代宰相令狐绹曾被封为太保，他在镇守淮海的时候，一次与属官班蒙及其他属下同游大明寺的西廊。突然看到墙壁上有题字："一人堂堂，二曜重光，泉深尺一，点去冰旁，二人相连，不欠一边，三梁四柱烈火然，添却双钩两日全。"众位宾客看了之后没有人能弄清其中的意思。只有属官班蒙解释说："'一人'拼起来不就是'大'字吗？'二曜'指日、月，拼起来不就是'明'字吗？'尺一'是十一寸，拼起来不是'寺'字吗？'冰'去了两'丶'，就是'水'字。'二人'拼起来就是'天'字。'不'字缺少一边，是'下'字。三横梁、四根柱加上'灬'就是'无'（繁体'無'）字。'比'字添上两个'丨'就是两个'日'字。由此看来，这个字谜的谜底不就是'大明寺水天下无比'吗？"众人都恍然大悟，说："这与杨修破解'黄绢幼妇'的神奇智慧有什么区别呢？"大家称赞班蒙好多天，并询问寺中的老僧人字谜从何而来，

他说："近年曾有个客人独自游玩，在墙壁上题字后离开了，也没说自己的姓名。"

【义理揭示】

故事中的这个字谜与"黄娟幼妇，外孙齑臼"十分相似，需要对部分汉字的字义进行适当的推衍，再运用离合、增损的方法得到谜底。因此班蒙才被大家称赞像杨修一样拥有过人的智慧。

五　小娥复仇

【原文选读】

谢小娥年十三，初嫁大贾任华。父升，与华往长沙贸易。忽梦父泣谓曰："吾与汝夫湖中遇贼。杀我者，车中猴，门东草。"梦其夫泣曰："杀我者，禾中走，一日夫。"梦觉①，遍访能解。有洪州使君李公佐教之曰："杀汝父，申兰也。杀汝夫，申春也。盖猴申生，'车'去两头为'申'字；'门''东''草'为'兰'字。禾中走，穿田也，亦'申'字；'一''日'加'夫'字为'春'字。"小娥乃易②男服，泛江湖，询访有申邨③。邨中有申兰、申春兄弟，因往求佣④，年余乃知其为杀父杀夫之盗。俟⑤二盗饮酒醉，小娥急呼邻人捕获之，词伏⑥，就法定罪。小娥乃出家为尼，仍名小娥，示不忘本也。

（选自清·周亮工《字触》）

注释：

①觉：睡醒。

②易：改换。

③邨（cūn）：同"村"。

④佣：被雇佣。

⑤俟（sì）：等待。

⑥词伏：供词承认了罪行。

【文意疏通】

　　小娥复仇的故事来源于唐代李公佐的《谢小娥传》，文辞细腻，人物形象生动传神，是唐传奇中的名篇。周亮工在《字触》一书中简括了故事的大概，突出了其中拆解字谜的内容：谢小娥十三岁的时候，刚刚嫁给大商人任华不久。她的父亲谢升也是商人，与任华一起去长沙做生意。谢小娥在家突然梦到父亲哭着说："我和你的丈夫在湖中遇到强盗，丢了性命。杀我的，是车中猴，门东草。"又梦到丈夫任华哭着说："杀我的，是禾中走，一日夫。"梦醒之后，谢小娥到处寻找能解字谜的人。最后她遇到洪州使君李公佐，李公佐告诉她说："杀害你父亲的是申兰。杀害你丈夫的是申春。因为生肖猴在地支中对应的是'申'，'车'（繁体'車'）字去掉两头也是'申'字；'门'（繁体'門'）、'东'（繁体'東'）、'草'（艹）组合起来就是'兰'（繁体'蘭'）字。禾中走的意思是穿田而过，'田'字上下穿过就是'申'字；'一'、'日'加上'夫'字，组合起来就是'春'字。"谢小娥知道了仇人的姓名，就改换了男装，整日在江上、湖上泛舟寻访，最后找到了申村。村中正好有两兄弟叫申兰、申春，谢小娥于是就上门请求做佣人。用

了一年多的时间才确定他们确实是杀害父亲与丈夫的强盗。趁两个强盗酒醉，人事不知，谢小娥大声呼喊邻居帮忙捉住了他们。送到官府后，两个强盗供认了罪行，按照法律定下了罪责。此事结束后，谢小娥出家做了尼姑，仍然叫"小娥"，表示自己不会忘本。

【义理揭示】

繁体字拥有更为复杂的字形结构，隐藏了更丰富的文化内涵。在谢小娥的故事中，两个强盗名字的破译需要综合使用多种解字方法，既有字形的离合，也有同义字词的推衍与增损，这不但增加破解的难度，也增加了故事的趣味性和神秘感。

六　晶饭毳饭

【原文选读】

进士郭震①、任介②，皆西蜀③豪逸之士。一日郭致简④于任曰："来日请餐'晶'⑤饭。"任往，乃设白饭一盏，白萝卜、白盐各一杯，盖以三"白"为"晶"也。后数日，任亦招郭食"毳"⑥饭。郭谓⑦必有毛物相戏。及至，并不设食。郭曰："何也?"任曰："饭也'毛'⑧，萝卜也'毛'，盐也'毛'。只此便是'毳'饭。"郭大笑而别。

（选自宋代《魏语录》）

注释：

①郭震：字希声，号渔舟先生，成都人，旷达放荡，才识过人，宋真宗时曾为官。

②任介：成都人，宋真宗时曾为官。

③西蜀：指四川省。

④致简：写信。

⑤皛（xiǎo）：皎洁，洁白。

⑥毳（cuì）：鸟兽的细毛。

⑦谓：以为。

⑧毛：无、没有，四川方言。

【文意疏通】

文人之间经常利用字谜调笑打趣，比如宋代的郭震与任介都是四川人，两人都豪迈俊逸，因此十分相投。一次郭震写信给任介，请他第二天来家里吃"皛"饭。任介去了之后，郭震拿出白饭、白萝卜、白盐各一份招待他。三个"白"字正好就是"皛"。过了一段时间，任介也请郭震去吃"毳"饭。郭震心想他肯定会拿出有毛发的东西来戏弄自己，因为三个"毛"字组成"毳"字。等去了之后，任介什么吃的也没摆出来。郭震问为什么，任介说："饭也毛，萝卜也毛，盐也毛。这就是'毳'饭了。"四川方言里，"毛"就是没有的意思。郭震听了大笑着告辞了。

【义理揭示】

郭震将"皛"字拆成三"白"，只用了分离字形的方式设置字谜。而任介技高一筹，设置字谜时不但分离了字形，也推衍了字义，毫不客气地回击了郭震的戏弄。任介在郭震处尚且有简单食物

可以吃，而郭震却什么都没吃到。

七 词女之夫

【原文选读】

赵明诚①幼时，其父将为择妇。明诚昼寝，梦诵一书，觉来惟忆三句云："言与司合，安上已脱，芝芙草拔②。"以告其父，其父为解曰："汝待得能文词妇也。'言'与'司'合是'词'字，'安'上已脱是'女'字，芝芙草拔是'之夫'二字。非谓汝为'词女之夫'乎?"后李翁③以女妻④之，即易安⑤也，果有文章⑥。

（选自元·伊世珍《琅嬛记》）

注释：

①赵明诚：字德甫，宋代金石学家，著名女词人李清照的丈夫。

②芝芙草拔（fá）：四种花草。芝，灵芝，被视为瑞草；芙，荷花；拔，草名，亦称虎葛。

③李翁：李清照的父亲李格非，北宋文学家。

④妻：嫁给。

⑤易安：李清照，号易安居士，宋代著名女词人。

⑥文章：才学。

【文意疏通】

才女李清照与才子赵明诚是古代历史上著名的恩爱夫妻，两人的爱情故事也成为流传千古的文坛佳话。《琅嬛记》中记载的这个故事纯属虚构，意在表现两人的婚姻是天作之合，早有注定。话说赵明诚年少时，他的父亲正要准备为他选择妻子。一天赵明诚白天休息，梦中诵读一本书，醒来只记得其中的三句"言与司合，安上已脱，芝芙草拔"。他把这件事告诉父亲，父亲替他解梦说："这预示着你以后能得到善写诗词的妻子。因为'言'字与'司'字结合起来是'词'字，'安'字脱掉上面的'宀'是'女'字，'芝芙'二字谐音是'之夫'。这不是说你以后会是'词女之夫'吗？"后来李格非把女儿嫁给赵明诚，就是李清照，她果然很有才学。

【义理揭示】

赵明诚在梦境中看到的就是一个字谜，通过离合、谐音的方式就能得到谜底。这样的故事为两人的姻缘增加了梦幻浪漫的色彩，属于后世人的附会与美好想象。

八 一伙滑吏

【原文选读】

四明丰翰林①讳②坊，号南禺，有口才。宁波县令遣吏向南禺索药方。丰乃注方云："大枫子去了仁，无花果多半边，地骨皮用三粒，史君子加一颗。"归以观③县令，令览之，笑曰："丰公嘲尔。"吏请其故，令示之曰："以上四语，谓'一伙滑吏'耳。"

（选自明·江盈科《雪涛谐史》）

注释：

①翰林：官名，从进士中选拔出的文学侍从。

②讳：对生者名字的敬称。

③观：让人看。

【文意疏通】

　　丰坊翰林是四明人，号南禺，很有口才。有一次宁波县令派小吏向他讨取药方，丰坊就写了一张方子给他。小吏回去后把药方拿给县令看，县令看完说："这是丰先生在嘲笑你们呢。"小吏问其中的缘故，县令解释说："以上四句，合起来就是'一伙滑吏'四个字。"这里大枫子、无花果、地骨皮、史君子都是药材。首句"大"字去掉"仁"（谐音"人"）就是"一"字，第二句"果"字、"多"字各为半边，拼起来就是"伙"（繁体"夥"）字。第三句"骨"字加上三点就是"滑"字，第四句"史"字加"一"字就是"吏"字。

【义理揭示】

　　丰坊既按要求写了药方，又将自己的不满与嘲讽通过离合诗的形式暗喻其中，展现了自己的机智与文才。以药材作字谜的谜面，可谓别具一格。

九　独眠孤馆

【原文选读】

　　广州押衙①崔庆成抵皇华驿②，夜见美人，盖鬼也，掷书云："川中狗，百姓眼，马扑儿，御厨饭。"庆成不解，述于丁晋公③。丁解云："川中狗，'蜀犬'也；百姓眼，'民目'也；妈扑儿，'爪子'也；御厨饭，'官食'也。乃'独眠孤馆'四字。"

（选自明・冯梦龙《智囊》）

注释：

①押衙：官名，管领仪仗侍卫。

②驿（yì）：驿站。

③丁晋公：即丁谓，字谓之，曾任宋朝宰相，封晋国公。为人机敏有智谋，博闻强记，善于文章，尤工歌诗。

【文意疏通】

在许多传奇故事中，字谜成为传递隐秘信息的媒介，避免了直言其事的尴尬：

广州押衙官崔庆成一次因为公事在皇华驿站投宿，夜里看见一个美人出现，应该是个女鬼。她丢下一个字条，上面写着："川中狗，百姓眼，马扑儿，御厨饭。"崔庆成不理解其中的意思，后来把这件事告诉了学识渊博的丁谓。丁谓解释说："'川中狗'意思是蜀地之犬，'蜀犬'合起来是'独'字（繁体"獨"）；'百姓眼'意思是'民目'，合起来是'眠'字；'妈扑儿'意思是母亲用手抓孩子，即'爪（形近'瓜'）子'，合起来是'孤'字；'御厨饭'是官家之食，'官食'合起来是'馆'字。所以就是'独眠孤馆'四个字。"崔庆成猜不透字谜，所以也没能理解女鬼对他的暗示。

【义理揭示】

这个"独眠孤馆"的字谜最早从唐五代时期就开始流传，直到明清。期间与不同版本的传奇故事相结合，足见其生命力。虽然女

鬼多情，主动追求崔庆成，但她仍顾忌女性身份不敢直接表露情意，只有通过曲折难解的字谜来表达。

✚ 拆字名士

【原文选读】

　　谢石润夫，成都人，宣和①间至京师，以拆字言人祸福。求相②者但随意书一字，即就其字离析而言，无不奇中。名闻九重③，上皇④因书一"朝"字，令中贵人⑤持往试之。石见字，即端视中贵人曰："此非观察⑥所书也。"中贵人愕然曰："但据字言之。"石以手加额⑦曰："'朝'字，离之为'十月十日'字，非此月此日所生之天人⑧，当谁书也！"一座尽惊。中贵驰奏。翌日⑨，召至后苑，令左右及宫嫔书字示⑩之，论说俱有精理，锡赍⑪甚厚，补承信郎。缘此四方求相者，其门如市。

（选自明·冯梦龙《智囊》）

注释：

　　①宣和：宋徽宗赵佶（jí）年号（1119—1125）。

　　②相（xiàng）：旧时迷信，用观察面貌、形体等方式来推测人的命运。

　　③九重：指帝王。

　　④上皇：指宋徽宗赵佶。

　　⑤中贵人：皇帝宠幸的宦官。

　　⑥观察：对官员的敬称。

　　⑦以手加额：把手放在额头上，表示崇敬、庆幸、感激或称赏等。

　　⑧天人：指天子。

　　⑨翌（yì）日：明天。

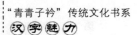
⑩示：给人看。

⑪锡赉（jī）：赏赐赠送。

【文意疏通】

谢石是传说中测字的祖师爷，他活跃于北宋的宣和年间。想要预知吉凶祸福的人，随便写个字给谢石看，他就能通过分离拆解这个字的笔画部首来预测此人的命运，非常灵验。最后他的名声传到了皇帝的耳朵里，宋徽宗写了一个"朝"字让身边的宦官拿着去给谢石看，以试探他是否真如传闻中所言。谢石看到这个字后，仔细端详了送信的宦官说："这不是大人您自己写的。"宦官非常吃惊，说："你就根据这个字说说看吧。"谢石把手放在额头上，表示尊崇，然后说道："'朝'字分离开就是'十月十日'，这不是出生在这一天的天子写的，还能是谁写的呢！"在座的人都非常吃惊，因为宋徽宗的生日正是十月十日。宦官飞驰回宫奏报皇帝。第二天，宋徽宗宣召谢石到皇宫后花园，命令身边的人以及妃嫔都写字给谢石看，他都能精准有理地分析大家的命运。所以皇帝给了他很多赏赐，让他补官做了信郎。从这以后，四方来请他预测命运的人非常多。

【义理揭示】

测字预言祸福实际上是拆字者利用汉字便于拆解，字义丰富，关联性强的特点玩弄的文字游戏。拆字者既要从汉字本身出发，还要合乎情理与实际，才能取得求测者的信任。

十一 帛字双解

【原文选读】

　　文皇①在燕邸②时，尝微行③，诘④一相字者，书"帛"字令相。其人即跪地拜称死罪，上惊问故。对曰："皇头帝脚，必非常人也。"又一人书"帛"字，曰："是为白巾⑤，君必孝服。"

（选自明·冯梦龙《智囊补》）

注释：

　　①文皇：即明成祖朱棣（dì），曾封燕王。

　　②燕邸：河北的府第。燕是河北省的别称。

　　③微行：帝王或有权势者隐匿身份，易服出行或私访。

　　④诘（jié）：询问。

　　⑤白巾：白色的衣服。

【文意疏通】

　　明成祖朱棣还在河北燕王府邸时，曾经微服出游，询问一个测字的人，写了一个"帛"字让他推测。那个人立刻跪地行大礼说自己是死罪，朱棣吃惊地问他缘故。测字先生回答说："'帛'这个字与'皇'字的上面一样，与'帝'字的下面一样，所以您一定不是普通人。"也有一个人写了"帛"字让他测，测字先生说："'帛'字拆开是'白'、'巾'两字，你家中一定有人过世，所以要穿白色孝服。"

【义理揭示】

测字先生利用替换偏旁、离合拆字的不同方式，将"帛"解释为完全不同的两个意思。同一个字的拆解方法可以有多种，对祸福的解释也不同，如何选择就取决于测字者对求测者情况的判断了。

十二 借字移鱼

【原文选读】

姑苏[①]李璋，敏于戏调[②]。偶赴邻人席，主人虽富而鄙吝[③]。既进食，璋视主人前鲑鱼大，璋即谓主人曰："璋与君苏人也，每见人书'蘇'（简体"苏"）字不同，不知'鱼'在左边是，在右边是?"主人曰："古人作字，不拘一体，从便[④]移易耳。"璋引手取主人鱼示众曰："领主人指挥，今日左边之鱼，亦合[⑤]从便，权[⑥]移过右边。"一座辍[⑦]饭而笑。

（选自明·郭子章《六语》）

注释:

①姑苏：即苏州。

②戏调：诙谐，开玩笑。

③鄙吝：吝啬小气。

④从便：顺便，方便。

⑤合：适合。

⑥权：姑且，暂且。

⑦辍：停止。

【文意疏通】

　　苏州人李璋善于调笑。一次他去邻居家赴宴，主人虽然富裕但是很小气。开始吃饭后，李璋发现主人面前的鲑鱼很大，就对主人说："我与您都是苏州人，每次看到别人写'苏'（繁体"蘇"）这个字都不一样，不知道'苏'字里面的'鱼'，放在左边更对，还是放在右边更对呢？"主人回答说："古人写字的时候是不拘一格的，根据需要和方便，移动改变偏旁的位置而已。"李璋伸手取过主人面前的鱼给众人看说："我领受主人的指挥，今天放在左边的这条鱼，也适合顺便暂移到右边来。"在座的人都停止吃饭，大笑起来。

【义理揭示】

　　李璋借问"蘇"中"鱼"字将餐桌上的鱼放到了自己的面前，跟小气的主人开了一个玩笑。不少汉字的异体字都是改变字中偏旁部首位置后得到的，字义与用法没有什么不同，这是汉字书写中常见的现象。

　　谜语在中国古代有悠久的历史，先秦时就有"廋词"和"隐语"出现，这是谜语的雏形。上层的士大夫在向君王进言时，为了确保对方能欣然接纳自己的建议，有时需要"主文而谲谏"，即不直言其事，将真实意图隐藏在语言文字的背后，让对方自己领悟。大家耳熟能详的"不鸣则已，一鸣惊人"的典故就是先秦"隐语"

的代表。西汉时，"射覆"成为谜语的主要表现形式。"射"是猜度的意思，"覆"是覆盖的意思，参与者需要猜出器皿覆盖之下的具体物件以定输赢。这是早期的事物谜。

比较成熟的字谜出现在汉魏之际，这时的字谜已经能熟练地根据汉字字形与字义的特点进行离析、会意、联想、象形了，形成了最基本的离合体。这种主要由文人创作，并且是围绕着汉字特性展开的字谜也称为文义字谜，本章收录的"绝妙好辞"、"天下无比"等的字谜都是典型的文义字谜。魏晋南北朝时期，不少文人都是制谜、猜谜的高手，如孔融、杨修、潘岳、谢灵运、谢惠连、鲍照等等，他们都有字谜及相关故事流传。

到了唐宋时期，随着经济的发展、文化的繁荣与市民阶层的兴起，字谜也更加盛行起来。它不再是文人雅士们的专利，而是渗透到了百姓生活之中。无论是歌谣词曲，传奇小说，还是碑刻题画中，都能看到字谜的身影。如在唐代李公佐的传奇小说《谢小娥传》中，猜字谜就是十分重要的故事情节。与其他的文化艺术形式的交融，使字谜获得了更大的发展空间，受众也更加广泛了。在宋代，善于拆解汉字的人甚至可以以此谋生。本章中提到的谢石，就是以测字为业的人，他甚至得到了皇帝的青睐与信任。传统的汉字崇拜意识与神秘难解的字谜相配合，使不少人都相信汉字可以预示未来的吉凶祸福，测字先生也在传闻中变得神乎其神了。这一时期，苏轼、王安石、秦观等文坛的名流对字谜的热衷与喜爱使制谜、猜谜成为一种时尚，还出现了研究制谜方法的专著与字谜社。

到了明代，字谜更加精致，种类也更加丰富，"灯谜"成为专有名词，元宵节猜灯谜逐渐成为习俗。此外，酒令、谜联也是这一时期流行的谜语形式。字谜在清代的兴盛，可以从《红楼梦》《镜

花缘》等小说对猜谜活动生动细腻的描绘中略知一二。明清两代还产生了一些整理前代经典字谜的书籍，如明代冯梦龙的《智囊》《智囊补》《古今谭概》中都有专章搜集字谜，清代周亮工的《字触》既对字谜进行了全面的理论总结，也系统地整理了古今各类字谜。本章所选录的字谜故事，大多参考自以上这些书籍。

常见的猜谜方法主要有会意、增损、象形、别解、假借、包含等，在一条字谜中往往综合使用。无论是制谜者还是猜谜者，都必须对汉字本身的音形义以及背后可能辐射到的文化内容十分了解，还要反应敏捷，善于应答，因此字谜成为古代文人彰显学识、比拼才智的重要手段。许多杜撰的字谜故事为何总是发生在才子名士的身上也就不奇怪了。比如本章中的"畾饭毳饭"故事，在有的版本中是附会在大文豪苏轼身上的。在有些不能直白表露内心想法的场合，借助字谜的遮掩与猜解的趣味可以有效地缓和现场的尴尬气氛，最终不但能成功地传达心意，也能让大家在展颜一笑中避免冲突与尴尬，可谓是一举多得。本章中收录的"吕安题凤""借字移鱼"均是如此。

汉字的表意功能，形体结构上的可分可合，极强的衍生性与联想性都为字谜的产生与发展提供了基本的保证。字谜所彰显的，其实正是汉字的魅力。

文化传递

由于汉字的文化特性从未改变，这就使字谜可以跨越时代，拥有长久的生命力。不少现代作家的笔名、文集名也都是利用拆字离合的方法得来，这使他们能巧妙地隐藏个人信息，隐晦地表达态度，在动乱年代和恶劣的政治环境中也是他们突破言论限制的重要方式。与此同时，字谜具有的宣传效应也一如既往地发挥着作用，吸引人们的眼球，为生活带来乐趣。

（一）

著名剧作家曹禺因为创作了《雷雨》《日出》等话剧而广为人知，他原名万家宝，"万"字的繁体写作"萬"，是草字头下面加上一个"禺"字，草字头又与"曹"谐音，因此万家宝就将"曹禺"作为笔名。创作了《骆驼祥子》《四世同堂》等现代小说名篇的老舍，原名舒庆春，"舒"字可以拆成"舍予"两字，因此他就字舍予，后来就干脆把老舍作为笔名。武侠小说的一代名家金庸，原名查良镛，将名字中的"镛"字拆成金字旁和"庸"字，就成了他的笔名"金庸"。

在现代文学史上具有超然地位的鲁迅先生用过的笔名有一百多个，其中有的笔名就通过字谜的形式隐藏了丰富的内涵。"晏敖"是鲁迅的笔名之一，"晏"字可以拆分成"日""宀""女"三部分；"敖"字，古时写作"敖"，可以拆分成"出""放"两部分，有出游的含义。因此"晏敖"就表达了自己是被家中的日本女人赶了出来，在外游荡。这个笔名显然是他1923年与兄弟周作人及其妻子羽太信子发生龃龉后，搬出居住了将近四年的北京八道湾胡同后起的，鲁迅用这个笔名表达了自己对这一事件的愤然态度。除了笔名，鲁迅的文集名也用到了拆字离合，如他的《且介亭杂文》写于1934年至1936年间，当时他住在上海四川北路附近的亭子间，属于帝国主义越界筑路区域，算是半个租界。因此他就将这段时间创作的杂文集取"租"字、"界"字各一半，称为"且介亭"，以

表达对帝国主义侵略行径的声讨。此外，鲁迅还会在行文中以字谜的形式隐藏信息，他曾将《新青年》杂志称为"鱻苍载"，"鱻"是"鲜"字在古代的一种写法，"鲜"与"新"同义，"苍"与"青"同义，"载"与"年"同义。这些例子充分表现了鲁迅对汉字文化的深刻理解和扎实的旧学功底。也唯有如此，他才能在日常表达中信手拈来，趣味横生。

（二）

　　1939 年前后，作家端木蕻良在重庆参加抗战，当地有家新开业的饭店请他帮忙想办法招徕生意。这让端木蕻良十分为难，正值日军大举进犯的时期，人心惶惶，街道冷落，要怎样做才能让饭店热闹红火起来呢？他寻思良久，决定出个字谜让大家猜，以图一乐。

　　不久，饭店门口就贴出了醒目的告示，上面写着："本店灯谜候教，猜中奉送高档宴席一桌。"这张告示吸引了过路人的好奇，大家都兴致勃勃地走进店里，只见大堂正中高挂着谜面：

文　　（打一《红楼梦》人名）

　　也有善于猜谜的人跃跃欲试，大胆报出答案，都被一一否认了。进店一探究竟的人越来越多，大家大声地互相讨论，都想把字谜猜出来。在活跃热闹的气氛中人们情绪高涨，对日军敌机轰炸的担忧也因此淡化了不少。最后，一位名叫陈开瑞的人猜中了谜底是"晴雯"，他解释说，"晴"就是"无雨"的意思，"雯"字无"雨"就是"文"。听了他的解释，大家都十分佩服。饭店主人履行了承诺，送了一桌上好佳肴给陈开瑞，端木蕻良也现场赠诗一首：

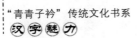

未到巫山已有情，

空留"文"字想虚名，

可怜一夜潇湘雨，

洒上芙蓉便是卿。

　　这首诗提到了几个与晴雯有关的重要情节：她遭到王夫人的猜疑和下人的报复，重病中被赶出大观园，宝玉去探望她，晴雯叹息自己是枉担了虚名。晴雯死后，宝玉相信她做了芙蓉花神，还特意写了《芙蓉女儿诔》祭奠她。

　　这时大家才知道谜语是深谙红学的端木蕻良出的。从此，这家饭店就成了大家津津乐道的对象，生意也自然十分红火了。

文化感悟

　　1．看完本章之后，你认为要想猜出古代的这些经典字谜，需要具备怎样的条件与能力？

　　2．你还知道哪些与字谜有关的故事？试着复述一个，要讲清楚谜面与谜底的关系。

　　3．试着猜一猜下面的三条字谜：

　　（1）一箭穿心。（打一字）

　　（2）左右开弓，百发百中。（打一字）

　　（3）多多多多。（打一时令名和一节令名）

　　4．试着自己编两条谜语给同学猜。

第三章 托字预言

一 刘氏将兴

【原文选读】

孔子作《春秋》①，制《孝经》②既成，使七十二弟子③向北辰星④磬折⑤而立，使曾子⑥抱《河》《洛》⑦事北向。孔子斋戒⑧向北辰而拜，告备于天曰："《孝经》四卷，《春秋》《河》《洛》凡八十一卷，谨已备。"天乃洪郁⑨起白雾摩地，赤虹自上下，化为黄玉长三尺，上有刻文。孔子跪受而读之曰："宝文⑩出，刘季⑪握。卯金刀，在轸北⑫。字禾子，天下服。"

（选自梁·沈约《宋书》）

注释：

①《春秋》：儒家经典之一，中国最早的编年体史书，相传由孔子整理修订而成。

②《孝经》：儒家经典之一，传说是孔子所作，后人对此多有怀疑。

③七十二弟子：孔子诸多学生中的佼佼者。

④北辰星：北极星。

⑤磬（qìng）折：一种恭敬的礼仪姿态。

⑥曾子：孔子学生之一，后世尊他为"宗圣"。

⑦《河》《洛》：指《河图》《洛书》，是上古流传下来的神秘图案，是《周易》的来源。

⑧斋戒：在祭祀前沐浴更衣、整洁身心，以示虔诚。

⑨郁（yù）：盛，充盈。

⑩宝文：指孔子编作的儒家经典。

⑪刘季：指汉高祖刘邦，字季。

⑫轸（zhěn）北：楚的北方。轸，二十八星宿之一，在楚的分野。

【文意疏通】

中国古代的史书中，往往记录着有关于阴阳五行或者符瑞的内容。这些内容大都将天人感应之说与政治相联系，创造及传播的目的多是为政权的更迭寻找更权威的支持和更高的合理性，并获得民间舆论的支持。在营造神秘天意的过程中，常常需要利用汉字的力量。《宋书·符瑞志》中就收录了关于汉王朝兴起的传说：孔子创制了《春秋》《孝经》之后，让他的七十二个弟子面向北极星的方向恭敬地站立，让学生曾子抱持着《河图》《洛书》站在北方侍奉。孔子斋戒后礼拜北极星，并向上天禀告说："《孝经》四卷，《春秋》《河图》《洛书》一共八十一卷，我都恭敬地完成了。"于是天空中开始充盈着大量的白雾直达地面，赤色的虹从天而降，变幻为三尺长的黄玉，上面刻有文字。孔子跪着接受了黄玉，并诵读了上面的文字。文字的意思是宝贵重要的典籍出现后，将由一个叫

刘季的人掌握。"卯、金、刀"三个字合起来就是繁体"劉"字，"禾、子"两个字合起来就是"季"字，暗示刘邦将兴起于楚的北方，会成为天下的主人。

【义理揭示】

古人大多相信汉字本身代表着上天不可违抗的神秘意志，因此为了强调刘邦取得天下是君权神授的结果，就出现了易于传唱的三字歌谣，隐秘地嵌入刘邦的姓名以制造舆论。而这样荒诞不经的内容出现在南朝的史书中，也证明这是当时一种普遍的文化心态。

二 董卓横暴

【原文选读】

千里草，何①青青；十日卜②，不得生。

（选自《三国志》）

注释：

①何：多么。

②卜：推断，预料。

【文意疏通】

董卓是东汉末年臭名昭著的权臣，他把持朝政期间，挟持皇帝，残暴嗜杀，民不堪命。因此在民间产生了表达对董卓强烈愤恨与诅咒之情的童谣。从字面上看，这首童谣的意思是：延绵广袤的青草，看上去多么葱郁茂盛，可以预测在很短的时间内，它们就要灭绝了。此外，"千里草（艹）"合起来是"董"字，"十日卜"合起来是"卓"字，"董卓不得生"的隐晦含义也蕴藏其中。后来董卓果真被司徒王允和吕布等人密谋杀掉，人们便将这首童谣视为对董卓命运的预言。

【义理揭示】

这首童谣简短而巧妙，以青草由盛而衰为喻，既将董卓的姓名拆解后暗嵌其中，又通过内容表达了对董卓深恶痛绝的态度。也有人认为，这里将"卓"字由下往上拆解正是对董卓倒行逆施、犯上作乱的隐喻。

三 杜琼、谯周论蜀魏兴亡

【原文选读】

琼①又曰："古者名②官职不言③曹。始自汉以来，名官尽言曹。吏言'属曹'，卒言'侍曹'，此殆天意乎！"

周④缘⑤琼言，乃触类而长⑥之曰："……先主讳⑦'备'，其训⑧'具'⑨也；后主讳'禅'，其训'授'⑩也。如言刘已具矣，当授予人也。"后宦人黄皓弄权于内，景耀五年，宫中大树无故自折，周深忧之，无所与言⑪，乃书柱曰："众而大，期之会，具而授，若何复？"言"曹"者，"众"也；"魏"者，"大"也。众而大，天下其当会⑫也。具而授，如何复有立者乎？蜀既亡，咸以周言为验⑬。周曰："此虽己所推寻⑭，然有所因⑮，由杜君之辞而广⑯之

耳，殊无神思独至之异也。"

（选自《三国志》）

注释：

　　①琼：指杜琼，三国蜀汉官员，精通星象、谶纬之学。

　　②名：命名。

　　③言：称呼。

　　④周：指谯（qiáo）周，三国时期蜀汉的学者、史学家，与杜琼一样精通天象。

　　⑤缘：沿袭。

　　⑥长：发扬。

　　⑦讳：封建社会称死去了的帝王或尊长的名。此指所避讳的名字。

　　⑧训：解说。

　　⑨具：具备。

　　⑩授：授予。

　　⑪无所与言：无法对人说。

　　⑫会：聚集。

　　⑬验：灵验。

　　⑭推寻：推算。

　　⑮因：依据。

　　⑯广：推广。

【文意疏通】

　　杜琼、谯周都是三国时期精通谶纬之学的名士。他们通过对曹操、刘备、刘禅名字的阐释，来表明蜀汉衰亡，曹魏一统是早已注定的天命。杜琼曾说："古代的官职都不用'曹'这个字命名。从汉朝以来，命名官职都用'曹'这个字了。办事官员被称为'属曹'或者'侍曹'，这大概是天意吧。"谯周受到杜琼的启示，把他的说法进一步发扬光大，解释刘备、刘禅的名字说："前代的君主名为'备'，'备'这个字应该解释为'具备、完备'；后来的君主名为'禅'，'禅'这个字应该解释为'授予'。等于说刘氏政权已经完备了，到头了，应当授予他人了。"后来宦官黄皓在宫中玩弄权术阴谋，景耀五年，宫中的大树无缘无故自己折断。谯周深感忧虑，但又不能把天意随便跟别人说，就在柱子上写道："众而大，期之会，具而授，若何复？"这句话的含义是"曹"字是"众多"的意思，"魏"字是"广大"的意思。众多而且广大，天下当然要聚集在一处，并且属于曹氏所有了。刘氏政权完备之后就要授予他人了，怎么可能再自立为君主呢？蜀汉灭亡后，大家都认为谯周的话十分灵验。谯周自己却说："这些内容虽然是我个人推算出来的，但都有根据，是从杜琼的话中推而广之得到的，并没有什么神思独到之处。"

【义理揭示】

汉字具有丰富的含义与联想的空间，史书中记载的杜琼、谯周正是从意义阐释的角度对曹、魏、备、禅等字进行了合理的发挥，从而使政权的自然更迭变成了上天的有意安排。

四 皇犬子与皇太子

【原文选读】

武帝①时有小史姓皇，名太子，武帝曰："皇太子非名之谓。"于是移点于外，易名为犬子。处士②何点③曰："太子者，天地之所悬④，三才⑤之所系，今化而为犬，不得立矣。"既而文惠太子⑥薨，郁林⑦、海陵⑧相继废黜，此其验也。

（选自《南史》）

注释：

①武帝：指南朝齐武帝萧赜。

②处士：多用来称呼有德才而隐居不愿做官的人。

③何点：生活于南朝宋、齐、梁三代的文人、隐士。

④悬：挂念。

⑤三才：指天、地、人。

⑥文惠太子：齐武帝长子萧长懋，封为皇太子，后因病卒，谥号文惠。

⑦郁林：指齐废帝萧昭业，继位后昏暴荒淫，后被齐明帝萧鸾所废杀，改称郁林王。

⑧海陵：指齐废帝萧昭文，郁林王被废后，萧鸾改立萧昭文为帝，成为傀儡，同年被废杀，改称海陵王。

【文意疏通】

南朝齐武帝时候有个小官员姓皇，名太子，武帝知道后说："'皇太子'三个字不能用来作为人名。"所以让他把名字中"太"字里的点向外移，变成了"犬"子，改名为"皇犬子"。当时的隐士何点知道了这件事，评论说："一国的太子，本来在天地间处于重要位置，关系到天、地、人三才，现在却变成了犬，可见齐太子不能安稳了。"不久文惠太子就因病去世了，继任的两位皇帝都在很短的时间内被手握重权的萧鸾先后废掉，改称为王，这就说明何点的预测应验了。

【义理揭示】

帝王的姓名、尊号常常成为上窥天意的预言家们预测吉凶的重要依据。"太"字在字形上的简单变化使字义由尊贵变为低下，这也预示着身为太子的人命运将异常坎坷不幸。简单的一个字却被赋予了如此重大的意义，可见汉字在古人眼中具有怎样的强大力量。

五 黄家日月

【原文选读】

贼巢①僭②位，国号大齐，年称金统，仍御楼宣赦，且陈符命③曰："唐帝知朕起义，改元广明。以文字言之，唐已无天分矣。'唐'去'丑''口'而'安'黄，天意令黄在唐下，乃黄家日月也。"

（选自《旧唐书》）

注释：

①贼巢：对黄巢的贬称。黄巢，唐末农民起义领袖，曾率起义军攻入长安，即皇帝位。后兵败自杀。

②僭（jiàn）：超越本分，冒用在上者的职权、名义行事。

③符命：上天预示帝王受命的符兆。

【文意疏通】

唐乾符五年，黄巢率农民起义军南下攻破广州，僖宗随后改元"广明"。广明元年（880）十一月，黄巢起义军攻陷东都洛阳，起义军所到之处，遇到穷苦农民，争相赠送衣物。十二月又攻占京师长安，起义军开进"春明门"时，城中百姓沿路欢迎，义军将领尚让慰藉市民说："黄王为天下生灵才起义的，不似李家不体恤百姓，大家心安便是。"十三日黄巢登基做了皇帝，建立"大齐"政权，年号"金统"，又在御楼宣布大赦天下，并且解释上天降下的祥瑞征兆说："唐帝知道我起义，改年号为'广（繁体'廣'）明'。从文字上来解释，天下已经与李氏无缘了。因为'唐'字里面去掉'丑'、'口'再放入'黄'字，就变成了'广'（廣）字，'明'字拆开即为日、月。黄氏接续唐朝是上天的意愿，'黄家日月'就是证明。"

【义理揭示】

帝王的年号往往也成为解释天意的重要依据。黄巢为了给自己的起义寻求正义性与合理性，就将唐朝皇帝颁布的年号在字形上离合、替换，解释成对自己有利的含义，以求获得民心舆论的支持。这种解释虽然在今天看来缺乏依据，充满主观臆断意味，但在当时的环境下，却能起到巨大的作用。

六 天水碧

【原文选读】

煜①之妃妾尝染②碧，经夕③未收，会露下，其色愈鲜明，煜爱之。自是，宫中竞收露水染碧以衣之，谓之天水碧。及江南灭，方悟天水④，赵之望⑤也。

（选自《宋史》）

注释：

　①煜：指南唐后主李煜。

　②染：漂染。

　③经夕：整夜。

　④天水：今甘肃省天水市。

　⑤望：郡望。

【文意疏通】

　　传说南唐后主李煜的姬妾有一次漂染碧色布匹的时候，整个晚上都晾在外面忘记收回来，正好被露水打湿了。结果这些布匹晒干后颜色更加翠碧明艳了，李煜非常喜爱。从那之后，南唐皇宫中的宫女们都争相收集露水或雨水来漂染布匹，这种碧色衣服也成为南唐女子的时尚穿着。露水或雨水在当时的人看来都是从天而降的，因此大家还称呼这种经过特殊漂染而产生的颜色为"天水碧"。等到南唐被宋太祖赵匡胤灭掉后，才有人醒悟过来，"天水"正是赵氏的郡望，"碧"又与"逼"字谐音，因此"天水碧"可以看作是

南唐早晚要覆灭在宋朝赵氏手中的预言。

【义理揭示】

汉字中谐音字、近音字的存在，也为推衍字义，增加想象空间提供了不少便利。由于这种附会往往是事实发生之后的总结与联想，因此想要按主观意愿找到合适的解释并不困难。换个角度来看，"碧"字也与"毙"谐音，如果想要证明宋朝迟早要灭亡，也是可以的。

七 必观亭

【原文选读】

太子中书舍人①陈有方知②蕲水③县，临水创④亭，名"必观"，盖取荀况⑤"君子必观于水"之义。或者⑥解曰："必观亭者，必停官也。"后有方竟以罪免官而去。

（选自宋·吴处厚《青箱杂记》）

注释：

①太子中书舍人：官职名。

②知：做知县。

③蕲（qí）水：地名，今湖北境内。

④创：建造。

⑤荀况：战国末期思想家，儒家学说的重要代表人物。

⑥或者：有人。

【文意疏通】

太子中书舍人陈有方在担任蕲水县知县时，在水边建造了一座亭子，命名为"必观亭"，这大概是取荀子书中"君子必观于水"的意思。有人解释说："必观亭，就是'必停官'的意思。"后来陈有方竟然真的因为犯错被免职了。

【义理揭示】

在这个故事中，通过谐音与语序的调换，水亭的名称具有了预言的功能。即便陈有方命名的本义取自先贤典籍，也无法改变自己仕途不幸的命运。因此，为了避免给自己招来灾祸，古人在命名时对所使用的汉字可能导致的各种联想与歧义总要反复推敲、琢磨，不敢有丝毫大意。

八 苏黄迁谪

【原文选读】

苏子瞻①谪②儋州③，以"儋"与"瞻"字相近也。子由④谪雷州⑤，以"雷"字下有"田"字也。黄鲁直⑥谪宜州⑦，以"宜"字类"直"字也。此章子厚⑧驳谑⑨之意。当时有术士曰："'儋'字从'立人'，子瞻其尚能北归乎？'雷'字'雨'在'田'上，承天之泽也，子由其未艾⑩乎？'宜'字乃'直'字，有盖棺之义⑪也，鲁直其不返乎？"后子瞻北归，至毗陵⑫而卒。子由退老于颍⑬，十余年乃终。鲁直竟卒于宜。

（选自宋·罗大经《鹤林玉露》）

注释：

①苏子瞻：苏轼，字子瞻，号东坡居士，北宋著名文学家。

②谪：古代官吏因罪而被降职或流放。

③儋（dān）州：地名，位于海南岛西北部。

④子由：苏辙，字子由，苏轼的弟弟，同为北宋文学家。

⑤雷州：地名，位于广东境内。

⑥黄鲁直：黄庭坚，字鲁直，号山谷道人，北宋诗人、书法家。

⑦宜州：地名，位于广西境内。

⑧章子厚：章惇，字子厚，北宋宰相，王安石变法的重要支持者。

⑨駭（ái）谑（xuè）：愚弄。

⑩艾：绝，尽。

⑪盖棺之义：指人死后对他生前的是非功过进行评价。

⑫毗（pí）陵：地名，属江苏常州。

⑬颍：即颍川，河南境内。

【文意疏通】

苏轼、苏辙、黄庭坚在王安石变法及新旧党争中被视为"旧党"，屡遭降职流放。苏轼字子瞻，最后被流放到海南的儋州，因为"儋"与"瞻"字形相似。苏辙字子由，最后被流放到广东的雷州，因为"雷"字下面有"田"，与"由"字形相近。黄庭坚，字鲁直，最后被流放到广西宜州，因为"直"与"宜"字形相近。会出现这种巧合，都是因为哲宗朝宰相章惇打击、迫害他们，为他们挑选流放地点时故意愚弄人。当时有测字的人说："'儋'字有人笔直地站立在左边，意思是苏轼尚且有被赦免的希望吧？'雷'字是雨水洒在田地上，意味着承受上天的恩泽，所以苏辙命不该绝，还能享受朝廷的福泽吧？'宜'字跟'直'字相近，像是人死后评判功过用的字，黄庭坚恐怕不会有机会返回了吧？"后来苏轼被赦免北归，到毗陵这个地方就去世了。苏辙在颍川隐居养老，又活了十多年才去世。而黄庭坚竟然死在了宜州。

【义理揭示】

苏黄等人的流放之地是否真的从名字中得来已经不得而知，这种字形上的近似也许仅仅是后人发现的一种巧合。测字的人则是通过拆解偏旁与推衍字义，将三人的命运与流放之地联系起来，虽是南宋人的附会，不足为凭，但苏黄等人在南宋显然已经具有了神秘的传奇色彩。

九 琵琶亭术者

【原文选读】

淳熙己酉①，哲文②倦勤③，诏以北宫为重华宫。光宗④既登极⑤，群臣奉表⑥请以诞圣日⑦为重明节，如故事⑧。时先君⑨召还省闼⑩，过乡邦，维舟⑪琵琶亭。新暑初袢⑫，小憩亭上，有术者⑬以拆字自名，过矣，因漫呼问家人字迹，多奇中，命饮之酒，忽作而曰："近得邸报⑭乎？'重华'、'重明'，非佳名也。其文皆'二千日'，兆在是矣。"先君掩耳起立，亟以数钚⑮谢遣之。既而甲寅之事⑯，果如其言，此与"太平兴国"⑰"一人六十"之谶无异。岂天道证应，固有数乎？抑符合之偶然也？

[选自宋·岳珂《桯（tīng）史》]

注释：

①淳熙己酉：南宋孝宗皇帝赵眘（shèn）的最后一个年号，公元 1189 年。

②哲文：宋孝宗的谥号。

③倦勤：指帝王厌倦了政事的辛劳，这里是对宋孝宗让位的委婉说法。

④光宗：指继位的皇帝宋光宗赵惇，在位六年。

⑤登极：皇帝即位。

⑥奉表：呈上奏章。

⑦诞圣日：指光宗皇帝的生日。

⑧故事：先例。

⑨先君：对已经去世的父亲的称呼，这里指岳珂之父岳霖，他是岳飞的次子。

⑩省闼（tà）：宫中，禁中。

⑪维舟：系船停泊。

⑫祥（fán）：气候闷热潮湿。

⑬术者：以占卜、星象等为职业的人。

⑭邸报：宋代官方的报纸。

⑮钚（bù）：铜钱。

⑯甲寅之事：指公元 1194 年孝宗病死以及光宗禅位给皇子赵扩之事。

⑰太平兴国：宋太宗年号。

【文意疏通】

　　南宋淳熙十六年（1189），孝宗皇帝退位，迁居到北宫居住，并将北宫更名为"重华宫"。继任的光宗皇帝在诸位大臣的建议下，将自己的生日命名为"重明节"，如同先代帝王所做的那样。当时《桯史》作者岳珂的父亲岳霖自外地奉命回京城述职，正好路过家乡的琵琶亭。时值初夏，气候闷热潮湿，岳霖系舟亭边，人在亭中暂作休息。亭中有个以占卜为生的人自称拆字、测字的本事很厉害，随口问了岳霖家人的字号，测算出的情况大多是准确的，令人惊异。岳霖请他喝酒，也许是酒酣耳热，这个算命先生突然问岳霖：“你最近有没有看官方的报纸？‘重华’‘重明’两个称呼实在不好，拆开来看的话，都只有两千日，凶兆就蕴含其中了。”岳霖听他妄议朝廷，而且涉及如此敏感避忌的话题，赶紧捂着耳朵站起来，给了这个算命先生一些钱打发他走了。后来果然像算命先生说的那样，不到五年（1194年），孝宗就因与儿子光宗皇帝失和，闷闷不乐而病死了，光宗也因情势逼迫不得不退位。岳珂从父亲那里听说了这件事，再联想起曾经宋太宗改年号为“太平兴国”，当时就有精通测字的人说“太平”可以拆成“一人六十”，后来宋太宗果然在虚岁六十的时候去世了。这些一语成谶的事，让岳珂感慨不已，到底是上天早就安排好的命数真的应验了呢，还是只不过是偶然？

【义理揭示】

随着时代的推移，人们离合汉字的能力也更加成熟多变，这使汉字能更好地为预言服务。如这则故事中的“重”字拆开后需要经过重新排序才能得到“二千日”三个字，而“一人六十”四个字是将“太平”两字细分后得来的。古人对汉字的奇思妙想与汉字本身的可塑性由此可见一斑。

十 大虫至

【原文选读】

卫王^①即位改元^②大安，四年改日崇庆，既而又改日至宁，有人谓曰："三元^③'大崇至'矣。"俄而有胡沙虎^④之变。

（选自《金史》）

注释：

①卫王：指金朝皇帝完颜永济，1208—1213 年在位。

②改元：君主用新年号纪年。

③三元：三个年号。

④胡沙虎：女真人，又名纥石烈执中，他在 1213 年发动政变，杀金主完颜永济，改立金宣宗。

【文意疏通】

金朝卫绍王完颜永济做皇帝的时候，曾改年号为大安，后来又改为崇庆，再改为至宁。当时就有人说，这三个年号的首字连起来，就是"大崇（谐音'虫'）至"。结果不久之后，当时手握重权的胡沙虎就发动了兵变，杀害了完颜永济改立金宣宗。胡沙虎的名字中正好有一个"虎"字，人们就认为这应验了"大虫至"的预言。

【义理揭示】

在这个故事中，皇帝颁布的年号被串联起来，再利用谐音取首字生成了预言。对三个年号的阐释显然是在事件发生后才附会上去的，但从表面看来，预言确实出现在胡沙虎之变以前。因此在古代这类预言总能赢得不少人的信任。

 十一 雨帝谣

【原文选读】

正统①末，京师旱。街巷小儿为土龙祈雨。拜而歌曰："雨帝，雨帝，城隍土地。雨若再来，还我土地。"成群噪呼，不知所起。未几有监国即位②之事。继之又有复辟③之举。谓"雨帝"者，与弟也。城隍土地，谓郕王④有此土地也。雨再来还土地，谓驾旋而复辟也。

（选自明·黄瑜《双槐岁钞》）

注释：

①正统：明朝皇帝明英宗朱祁镇的年号，自公元 1436 年至 1449 年，前后共 14 年。

②监国即位：指明英宗在亲征瓦剌的战争中被俘，其弟朱祁钰被立为皇帝，改元景泰之事。

③复辟：指景泰八年（1457），明英宗在石亨等人的帮助下复位称帝之事。

④郕（chéng）王：景泰帝朱祁钰被废后改称为郕王。

【文意疏通】

明朝英宗正统末年，京城遭遇旱灾，街上的小孩子按习俗做了土龙像求雨。在祭拜土龙的时候还唱道："雨帝，雨帝，城隍土地。

雨若再来，还我土地。"孩子们成群地传唱这首歌谣，也不知道从哪里兴起的。没多久英宗皇帝就遭遇了历史上著名的"土木之变"，在亲征瓦剌的战争中被俘。于谦等大臣拥立英宗的弟弟做了皇帝，历史上称他为景泰帝。在景泰八年，明英宗通过夺门之变，复位称帝，景泰帝被废，改称郕王。之前京城流行的童谣正是这几件事的预言，"雨帝"正是"与弟"的谐音，意思是江山将要交给弟弟了。"城隍"与"郕王"读音也十分接近，"城隍土地"即"郕王土地"，意思是郕王将享有国土。"雨若再来，还我土地"，意思是英宗将会回来，到时候江山也要交还给他了。

【义理揭示】

在古代，预言往往以朗朗上口的民谣或童谣的形式传播。这一方面是借助了民间歌谣快速的传播能力，另一方面也容易营造出这则故事中"不知所起"的氛围，让人难以查证，最终归结于上天的旨意。明代的这首童谣充分利用了谐音字、近音字，将祈雨之歌理解成了两朝王权更迭的预言之歌。

十二 困无多日

【原文选读】

莆[①]廖太守梯，未第[②]时，梦枯木高寸许，以篾[③]箍[④]之，回首又见日落西山。廖悒悒[⑤]，道士曰："梦甚佳。篾圈箍木，乃困字也。日落西山，无多日也。先生困无多日矣。"明年果登第。

（选自明·王同轨《耳谈》）

注释：

①莆（pǔ）：指廖梯籍贯福建兴化。

②第：取得科举考试功名。

③篾（miè）：薄竹片。

④箍（gū）：围束，约束。

⑤悒悒（yì）：忧郁不安。

【文意疏通】

福建兴化的廖梯太守，在尚未考取功名时，一次做梦梦到几寸高的枯槁之木被竹片紧紧地围住，回头又看到太阳从西边落下去。廖梯闷闷不乐，认为这对于科举考试来说，并不是什么吉利的兆头，自己很有可能难以高中了。结果一个道士却安慰他说："你这个梦是大吉之兆。因为竹片紧围树木，就是一个'困'字。日落西山，意思是没多少时间了。合起来就是说你被困在科举考场上没多久了。"第二年廖梯果然就考取了功名。

【义理揭示】

当梦境中的图像与汉字的象形、会意功能相结合时，就生成了具有强烈暗示意味的预言。这种预言在表面上往往向人传递出相反的意思，只有深谙内情的人才能获得正确的指引。因此掌握汉字秘密的人往往是非同寻常的。

十三 立秋日回禄

【原文选读】

黄献①，清源人，为淮扬兵宪。以病归，家居②，颇好道术，缁流羽客③，无不接引④。一日昼寝，有僧来谒⑤，而阍者⑥不为通。翌日⑦至，又如之。僧叹惋曰："吾以尔主好道，故来救其厄⑧。今若此，信命也。"取笔题字数行于室东小扆⑨而去。翌日立秋，其夜火发，宅产荡⑩尽，独僧所题小扆无恙，阍者因具言⑪所以。视其书曰："坐不得，行不得，愁无心，口添画，大口小口，青黄共色。"有解曰："坐不得，行不得，'立'也；'愁'无'心'，'秋'也；'口'添画，'日'也；大'口'、小'口'，'回'也；青黄共色，'绿'也，凡染绿者，必青与黄合也，乃'立秋日回禄⑫'也。"

（选自清·周亮工《字触》）

注释：

①黄献（yóu）吉：字仕祯，生活于明朝隆庆、万历年间。

②家居：在家闲居。

③缁（zī）流羽客：缁流指僧侣，因僧服为黑色，故以此代指；羽客指道士，传说中仙人穿羽服，因道家学仙，故以此代指。

④接引：接见引纳。

⑤谒（yè）：拜见。

⑥阍（hūn）者：守门人。

⑦翌（yì）日：明日。

⑧厄：灾难，困苦。

⑨庑（wú）：堂下周围的走廊、廊屋。

⑩荡：毁坏。

⑪具言：详细告诉。

⑫回禄：火灾。

【文意疏通】

明朝的黄猷吉是清源人，曾经做过淮扬兵宪。他因病归乡，在家闲居无事非常喜欢道术，对上门来的僧侣道士都会接见款待，以此闻名。一天黄猷吉白天睡觉休息时，有僧人来拜访，守门人不为僧人通报。第二天僧人又来拜访，结果同之前一样。于是僧人叹息着对守门人说："我因为你的主人喜好道术，才来解救他的灾难。如今却不能见面，这果真是命数啊。"于是拿笔在东堂下的走廊上写了几行字就离开了。第二天是立秋日，夜里发生了火灾，黄家的房屋资产都焚毁殆尽，只有僧人题字的走廊安然无恙，守门人于是把事情经过详细地告诉了主人。黄猷吉看到僧人写的是："坐不得，行不得，愁无心，口添画，大口小口，青黄共色。"有人解释这几句话的含义："不能坐也不能走，是'立'字；'愁'字没有'心'，是'秋'字；'口'字中间添一画是'日'字；大口套着小口，是'回'字；青色与黄色掺杂在一起，就变成了'绿'，而'绿'又与'禄'字音近。因此这几个字合起来就是'立秋日回禄'，意思是说立秋当天会有火灾。"

【义理揭示】

高僧对宅主的警告经过字形的拆解组合与字义的推衍，被设置了重重的障碍，难以破解。这也符合人们对高僧和预言神秘性的认知。

在古代，由于认知上的局限，人们对汉字是如何产生、发展的并不清楚，因而将汉字归功于圣人的创造，甚至认为汉字本身也代表着天地鬼神的意志，反映着吉凶莫测的命运。第一章提到的仓颉造字，以及"天雨粟，鬼夜哭"的神话就体现了这一点。汉字崇拜成为了历史悠久的文化习俗，人们相信汉字可以预示祸福，汉字笔画的增减，偏旁的离合、移动都会引起命运的巨大变化。既然有这种文化心态，利用汉字的特性来占卜或是鼓动人心、引导民意，就是自然会发生的事了。

谶言是古人假借天意来预示人间祸福吉凶的神秘预言，为强调内容的神秘与权威，形式多为隐语，早在先秦时期就已经出现。在汉代，由于儒家经典的地位得到空前提高，董仲舒将阴阳五行说和天人感应论引入儒家学说，神化儒家经典的纬书开始大量出现，本就神秘又具有预言意味的谶言与纬书逐渐融合，形成谶纬思潮。谶纬之说荒诞不经，将学术变成了迷信巫术的代名词，并被统治者利用以引导舆论人心，对政治的影响很大。

汉字可以拆解、组合、推衍的特点，以及人们对汉字的崇拜心理都促使谶言与汉字相结合，生成了文字谶。本章所选的"刘氏将兴"就是文字谶的典型代表。虽然谶纬神学发展到魏晋时已经面临覆灭，但文字谶却保留了下来，一直十分盛行。历朝史书中几乎都记载有文字谶的故事，本章收录的"天水碧"、"皇犬子与皇太子"、"黄家日月"等都来源于史书。在今天看来，这些故事中对汉字的推测多有牵强附会的成分，但当时却能被写进史书，可见古人对此还是深信不疑的。

这种笃信态度，使古人在运用汉字时十分谨慎，尽量选择寓意美好的，避免那些会引发不良推测的汉字。尤其是帝王的年号，关系着国家的命运和政权的稳固，官员的题字、题词则会关系到个人的官运，家族的兴衰，古人对此都十分重视。但由于汉字无比丰富的联想性，离合方式的千变万化，使得趋吉避凶变得十分困难。"琵琶亭术者"与"必观亭"的故事就是如此，汉字表面含义的光明美好是远远不够的，拆解、组合或是谐音之后，也要大吉大利才行，否则就无法阻挡厄运的降临。

深谙文字谶的往往是术士，只有他们才能从汉字中读取常人无法了解的内容。虽然在文字谶的故事中，术士们都是先拆字预测，才有事实的发生。但实际上往往是要预测的内容反过来决定了该如何拆解汉字以及制造谶言，或将已经发生的事附会成上天早就确定的旨意。这些术士往往姓名出处不详，与他们预测的内容一样神秘莫测。有时文字谶会以歌谣的形式出现，本章收录的"董卓横暴"、"雨帝谣"就是文字谶歌谣。这类歌谣在传播之初就有着明确的目的，一旦广泛流传就会造成不小的社会影响力，尤其在社会动荡、政权更迭的时候，更能造成人心的浮动，影响局势。

汉字有时还会成为解梦的主要方法。当梦境中的画面转化成某个或者某几个汉字的音、形、义时，梦境就得到了破解。再根据汉字预示的吉凶，就能判断梦境的吉凶了。这比直接拆解汉字具有更大的灵活度和随意性，因为梦境从不同的角度入手可以对应不同的汉字，每个汉字又能推测出不同的含义。在本章中选录的"困无多日"的故事中，原本明确代表着厄运的梦境经过全新的解释，变成

了吉星高照的预言，就是利用了汉字解梦的百无禁忌。

汉字之所以能用来预测吉凶，为政治及日常生活服务，与它的表意性质，可增损、可离合的特点密不可分。正是这样的汉字才成就了中国的汉字神秘文化。

文化传递

汪精卫测字的故事只是传闻，未必确有其事。与其说测字先生是根据一个"哥"字测算出他的身份和自绝于人民的命运，还不如说是通过他的打扮以及身后的几个日本保镖看出的。这种依托汉字预言的情节强调了天命的权威、公正与神秘性，能更好地满足读者惩恶扬善的心理需求。

1940年，汉奸汪精卫投敌卖国，在日本的扶持下成立了南京伪国民政府，自己出任政府主席。他的行为遭到了全国上下的共同声讨，使他本人心虚不已，对公务也提不起精神。一日，他换上便装，带上几个日本护卫，来到南京近郊散心。正值暮春时节，一行人走走停停，来到了附近一座香火鼎盛的道观。汪精卫想到自己前途未卜，便欣然走入观中，想拜谒道祖求个平安。

观中香客甚多，汪精卫跟随众人在各个殿堂中游玩一番之后，兴致仍是不减。这时他发现三清殿外有个测字先生闲坐，也不见他招揽生意，只是自顾自地闭目养神。汪精卫见老先生道骨仙风，颇有出尘之姿，心中不由升起了几分信任。他踱步来到测字摊前，开口道："老先生，我本与人合伙做生意，后来意见不合，两人分道扬镳。如今自己一人另立门户，不知前途如何？烦请先生为我测算。"测字先生上下打量了汪精卫几眼，回复说："既然是问前程，还请贵人任意抽个字。"

　　汪精卫在几十张折叠起来的字条中犹豫不决，挑来拣去，最后抽中一张递给测字先生。打开一看，只见赫然是个"哥"字。汪精卫急忙问道：这'哥'字作何解释？可是大吉之兆？"测字先生的目光在汪精卫身后几个日本护卫身上逡巡一圈，慢慢开口道："'哥'字是两个'可'字上下相连。古时候称'哥'者可为父尊，也可为师长。故而能得此字者，有尊长之份，算是世人的模范了。"

　　汪精卫一听大喜，心道："这不意味着我的主席之位能得到世人的认可吗？"他本不十分相信江湖术士仅凭一个字对祸福吉凶的推断，但此刻却觉得极有道理。测字先生看到汪精卫兴奋的神态，又说道："这个'哥'字还可以解释为'可歌可泣'、'可敬可佩'，由此看来，贵人肯定也算是豪杰人物了。"汪精卫连忙谦虚摇头："我只是一个生意人，先生谬赞了。"嘴上这样说，他心里却又想起自己早年投身革命时，刺杀清朝摄政王载沣的伟业来，不禁更加得意了。言毕，汪精卫朝身后的一个护卫使了使眼色，护卫拿出好几张"储备券"塞给测字先生作为报酬。

　　汪精卫精神大振，想马上赶回南京政府处理公务，于是带着手下急匆匆向道观外走去。刚出院门，他忽然想起"测字三解"之说，刚才只听到了两个解释，剩下的那个会不会对未来有更多的指示呢？想到这里他又赶紧折返回去，但找遍了整个道观，却怎么也找不到刚才那位测字先生了。当他垂头丧气地再次走出院门，发现门口的空地上写着八个大字：

哥字三解，可剐可杀。

　　汪精卫一下子面如死灰，刚才重振的精神全都消失了，只好灰

溜溜地回到南京。此后，他再也不敢扮成平民百姓随意出城了。

1. 人们相信汉字可以预言祸福的原因有哪些？

2. 在"天水碧"的故事中，"义理揭示"部分对这个预言的合理性提出了质疑，你能从本章的其他故事中找到汉字预言吉凶的破绽之处吗？

3. 直至今日，人们还通过汉字来表达对未来美好生活的期盼，比如过年时会在门上倒着贴"福"字，寓意"福到（倒）了"。你能举两个生活中的例子，证明对汉字的敬畏以及对汉字预言吉凶的笃信依然存在于民族的文化心理之中吗？你如何看待这种心理？

第四章　诗谜字联

文化典籍

一　猜谜赐金钟

【原文选读】

高祖①举酒曰："三三横，两两纵，谁能辨②之赐金钟③。"御史中丞李彪④曰："沽酒老姬瓮⑤注瓨⑥，屠儿割肉与秤同。"尚书右丞甄琛⑦曰："吴人浮水⑧自云工，技儿⑨掷绳⑩在虚空。"彭城王勰⑪曰："臣始解此字是习字。"高祖即以金钟赐彪。

（选自北魏·杨衒之《洛阳伽蓝记》）

注释：

①高祖：指北魏孝文帝拓跋宏，庙号高祖。

②辨：明白。

③金钟：金制的酒器。

④李彪：北魏时期的官员，家世寒微，笃学不倦，孝文帝十分欣赏他。

⑤瓮：水缸。

⑥瓨（hóng）：口小、颈长、腹大的陶器。

⑦甄（zhēn）琛（chēn）：北魏官员，精通经史典籍。

⑧浮水：在水中游泳。

⑨技儿：表演杂技的演员。

⑩掷绳：指杂技中抛掷长绳的表演。

⑪彭城王勰（xié）：元勰，北魏宗室大臣，孝文帝的弟弟，曾被封为彭城王。

【文意疏通】

北魏孝文帝一次大宴群臣的时候，举起酒杯对大家说："我出一个谜语，三三横，两两纵，谁能猜中就把金杯赏赐给他。"孝文帝出的是一个字谜，谜底是"习"（繁体"習"）。这个字的下半部分最早在秦以前的青铜铭文里都写作"日"，而不是"白"。秦统一文字，在"日"字上加了一撇，变成了"白"。把"習"字拆散成单一的笔画，一共有三个三横，两个两竖。"习"字的本义指鸟不断地练习飞翔。李彪很快猜出了谜底，他从字义入手，给出了答案：沽酒的老婆婆把大口瓮中的酒倒入小口的瓨中，一点也没有漏出来；卖肉的屠夫一刀割下来的肉，斤两与用秤称出来的一点不差。这当然也是需要无数次的练习才能有的手艺，暗指的也是一个"习"字。甄琛的回答也是如此：江南吴地的人善于游泳，表演抛掷长绳杂技的演员技艺高妙，都是无数次的反复练习造就的，暗指的也是"习"字。听了两人的回答，元勰说："我现在才领悟到这个字是'习'字。"孝文帝就把金杯赏赐给了最先答出来的李彪。

【义理揭示】

李彪与甄琛都是才思敏捷的大臣，所以他们用联诗的形式给出了答案，不但诗歌内容指向了谜底，形式上也是句句入韵，与孝文帝所用的"钟"字韵呼应。这样的诗谜游戏既增添了宴饮的趣味，也融洽了君臣关系。

二 牛羊下来

【原文选读】

开皇①中，又有魏郡侯白，字君素，好学有捷才，性滑稽②，尤辩俊③。举④秀才，为儒林郎。通脱⑤不持威仪⑥，好为俳谐⑦杂说。人多爱狎⑧之，所在处，观者如市。杨素⑨甚狎之。素尝与牛弘⑩退朝⑪，白谓素曰："日之夕矣。"素大笑曰："以我为'牛羊下来'⑫耶！"

（选自《北史·文苑传》）

注释：

①开皇：隋文帝杨坚年号（581—600）。

②滑稽：能言善辩，言辞流利。后指言语、动作或事态令人发笑。

③辩俊：辩才出众。

④举：参加科举考试。

⑤通脱（tuō）：放达不拘小节。

⑥威仪：庄重的仪容举止。

⑦俳（pái）谐：诙谐戏谑。

⑧爱狎（xiá）：亲近喜爱。

⑨杨素：隋朝大臣，善理朝政，权倾朝野。

⑩牛弘：隋朝官员，曾任吏部尚书。

⑪退朝：古代君臣朝见，礼毕而退。

⑫牛羊下来：《诗经·王风·君子于役》中有"日之夕矣，羊牛下来"之句。

【文意疏通】

　　历史上有许多幽默风趣、能言善辩的人物，如战国时期的优孟，汉武帝时的东方朔，他们往往会留下不少的传奇故事。隋朝的侯白也是这样的人。他勤奋好学，才思敏捷，能言善辩，让人发笑。侯白为人狂放不拘小节，不故作严肃，喜欢幽默诙谐之语。这样的人能给大家带来欢笑与趣味，所以有侯白在的地方，大家都争相一睹他的风采。一次侯白看到大臣杨素与牛弘下了朝走在一起，就对杨素说了句"日之夕矣"。杨素反应过来这是《诗经》中的一句，不禁大笑起来，知道侯白实际是以接下来一句"羊（杨）牛下来"调笑自己和牛弘。

【义理揭示】

　　侯白的反应十分敏捷，由杨素与牛弘的姓氏想到了《诗经》中的诗句，"牛羊下来"也符合两人退朝的情境。他只说"日之夕矣"，既留下悬念，也避免了对两位大臣的不恭敬，幽默又不失分寸。因此杨素不以为忤，反而开怀大笑。

三 苏颋咏 "尹" 字

【原文选读】

苏颋①才能言，有京兆尹②过③璟④，命颋咏 "尹" 字。乃曰：
"丑虽有足，甲不全身。见君无口，知伊少人。"

（选自唐·郑处诲《明皇杂录》）

注释：

①苏颋（tǐng）：唐代文学家，善写文章。

②京兆尹：官名，京都地区的行政长官。

③过：拜访。

④璟（guī）：指苏颋父亲苏璟，曾任宰相。

【文意疏通】

苏颋是初唐时期著名的文学家，朝廷的文诰多是他的手笔。苏颋小时候就非常聪明，他刚刚学会用语言表达时，一次京兆尹来拜访他的父亲苏璟，看到苏颋在侧就想试探他的才能，于是命令他写首诗咏 "尹" 这个字。结果苏颋出口成章：" 丑虽有足，甲不全身。见君无口，知伊少人。" 这四句诗中，"丑" 字添一只脚，"甲" 字去掉左边一竖，"君" 字去掉口，"伊" 字去掉 "亻"，都是在咏 "尹" 字。

【义理揭示】

苏颋所咏的 "尹" 字，都是通过增损其他汉字的笔画、部首的

方式得到的。而且诗歌本身也有调侃之意，将为难他的京兆尹取笑了一番。这个故事充分展现了苏颋的机智与才华。

四　许云封

【原文选读】

天宝改元①，初生一月。时东封回②，驾次③至任城。外祖闻某④初生，相见甚喜，乃抱诣⑤李白学士，乞撰令名⑥。李公方坐旗亭⑦，高声命酒。当垆⑧贺兰氏，年且⑨九十余，邀李置饮于楼上。外祖送酒⑩，李公握管⑪醉书某胸前曰："树下彼何人，不语真吾好。语若及日中，烟霏谢⑫成宝⑬。"外祖辞⑭曰："本于学士乞名，今不解所书之语。"李公曰："此即名在其间也。树下人是木子，'木子'，'李'字也。不语是莫言，'莫言'，'谟'也。好是女子，女子，'外孙'也。语及日中，是言午，'言午'，是'许'也。烟霏谢成宝，是云出封中，乃是'云封'也。即'李谟外孙许云封'也。"后遂名之。

（选自唐·袁郊《甘泽谣》）

注释：

　　①改元：君主改用新年号纪年。

　　②东封回：指唐玄宗在公元 742 年计划去泰山封禅，最后因故取消之事。

　　③驾次：车马队伍。

　　④某：我，这里是许云封的自称。

　　⑤诣：拜访。

⑥令名：美好的名字。

⑦旗亭：酒楼。

⑧当垆（lú）：卖酒。垆，古时酒店里安放酒瓮的炉形土台子，借指酒店。

⑨且：将近。

⑩送酒：奉酒，敬酒。

⑪握管：拿笔。

⑫谢：酬答。

⑬成宝：暗指天宝纪年。

⑭辞：致歉。

【文意疏通】

《甘泽谣》是唐代传奇小说集，里面记载了不少奇人异事。其中一则讲了乐师许云封的故事，许云封在故事中自述了名字的来历：玄宗皇帝改元天宝的那年，我刚刚出生在任城才一个月。当时去泰山封禅的计划已经取消，我的外祖父李谟与其他先遣人马被召回。当队伍到达任城的时候，外祖父听说了我出生的消息，看到我非常高兴，就抱着我拜访了当时也在任城游历的李白，请求他为我取一个美好的名字。李白当时坐在酒楼里，大声命令人上酒。卖酒的是贺兰氏，年纪接近九十了，他邀请李白到楼上喝酒休息。我的外祖父亲自奉酒，李白拿着笔，在醉意中写了一首诗："树下彼何人，不语真吾好。语若及日中，烟霏谢成宝。"外祖父看后道歉说："本来想让您给孩子起个名字，现在不知道您写的是什么意思。"李白回答说："名字就在这首诗里。'树下人'即'木子'的意思，合起来是'李'字；'不语'即'莫言'的意思，合起来是你的名字'谟'；'好'字拆开是'女子'，女儿之子就是'外孙'；'语及日中'即'言午'之意，合起来是孩子的姓'许'；以缥缈的云

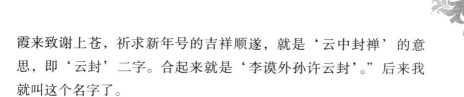

霞来致谢上苍，祈求新年号的吉祥顺遂，就是'云中封禅'的意思，即'云封'二字。合起来就是'李谟外孙许云封'。"后来我就叫这个名字了。

【义理揭示】

这个故事的真伪已经难以考查，故事中李白用离合析字的方式作了一首字谜诗。这首诗除了需要用词义推衍、字形组合的常见方法之外，还要了解天宝年间的历史背景，才能弄清谜底。

五　苏轼解字

【原文选读】

荆公①柄国②时，有人题相国寺壁云："终岁荒芜湖浦焦，贫女戴笠落拓条，阿侬去家京洛遥，惊心寇盗来攻剽③。"人皆以为夫出、妇忧荒乱也。及荆公罢④相，子瞻⑤召还，诸公饮⑥苏寺中，以此诗问之。苏曰："于贫女句可以得其人矣。终岁，十二月也，'十二月'为'青'字。荒芜，田有草也，'草田'为'苗'字。湖浦焦，水去也，'水'旁'去'为'法'字。'女'戴笠为'安'字，柘落木条，剩'石'字。阿侬是吴言，合'吴言'，为'误'字。去家京洛为'国'，寇盗为'贼民'。盖言："青苗法安石误国贼民也。"

（选自宋·袁褧《枫窗小牍》）

注释：

①荆公：指北宋丞相王安石，曾在宋神宗年间推行新政改革。

②柄国：执掌国政。

③攻剽（piào）：攻击掠夺。

④罢：免去，解除。

⑤子瞻：指苏轼，北宋著名文学家，字子瞻，号东坡居士。

⑥饮：宴请。

【文意疏通】

北宋年间，王安石在宋神宗的支持下推行了一系列以富国强兵为目的的改革，颁布了青苗法、保甲法、市易法等新政法规。新政在实行的过程中遭到朝中不少保守派大臣的反对，苏轼也对新政中部分不当举措提出了质疑，因此被贬黄州。在王安石被免除宰相之位后，苏轼也被征调回京师任职。《枫窗小牍》中记载的这个故事就在这样的背景下发生了：王安石执掌国政，风头正劲的时候，有人对他推行的新政不满，但又不敢直言，生怕给自己招来祸患，于是就在相国寺的墙壁上题了一首诗。大家都以为这首诗写了兵荒马乱的年月，丈夫外出讨生活，留下家中妻子担忧年成不好、寇盗侵害的事。等到王安石被免去宰相之职，苏轼重新入京为官，朋友们请他在相国寺饮酒，顺便问起这首诗的含义。苏轼就解释说："从第二句可以知道这首诗在写谁。'终岁'就是'十二月'，三个字合起来是个'青'字；'荒芜'意思是田中有杂草，'草'（艹）、'田'合起来是'苗'字；湖泊沟渠干枯意味着没有水，'去'、'水'（氵）合起来是'法'字；'女'字戴个斗笠（宀）就是'安'字；'柘'字落下枝叶，意味着只剩'石'字；阿侬是吴地

的方言，吴、言两字合起来就是'误'（繁体'誤'）字；'京洛'是首都的代称，也是'国'的核心；'寇盗'指侵害百姓的人，即'贼民'之意。合起来就是'青苗法安石误国贼民'的意思。"

【义理揭示】

这首字谜诗的谜面自成一体，能独立、完整地表情达意，乍一看与谜底没有直接的关联。苏轼同样是借助字义推断与字形离合的方式发现了诗歌背后的深意。这时再回过头来看这首诗的内容，方能明白是在描绘青苗法给百姓生活带来的痛苦情状，也能理解为何作者对青苗法和王安石如此痛恨了。

六 合寺苟卒

【原文选读】

乾符①末，有客访僧，僧却②之，题门而去，云："龛龙去东海，时日隐西斜。敬文今不在，碎石入流沙。"忽一僧曰："大骂我曹③乃'合寺苟卒'四字。"

（选自宋·尤袤《全唐诗话》）

注释：

①乾符：唐僖宗李儇（xuān）的年号，874—879年。

②却：拒绝。

③曹：等辈，同类。

【文意疏通】

唐僖宗年间，有客人去寺院拜访僧人但却遭到拒绝，因此怀恨在心，在门上写了一首诗就离开了。这首诗可以这样断句："龛，龙去东海，时，日隐西斜。敬，文今不在，碎，石入流沙。""龛"字去掉"龙"就是"合"字，"时"（繁体"時"）去掉"日"字就是"寺"字，"敬"去掉"夂"（文）就是"苟"字，"碎"字去掉"石"字就是"卒"字。寺院里的一个僧人忽然领悟了这是一首字谜诗，说："原来是'合寺苟卒'四个字，是在骂我们全院僧人啊。"

【义理揭示】

心胸狭窄的客人为了泄愤，留下了这首借助离合字形的方式才能看懂的字谜诗，将每句首字按要求拆开，就能得到谜底。从诗意来看，"龙去东海""日隐西斜""文今不在""石入流沙"也都含有诋毁和贬损的意味。不明真相的僧人自然不会在意这首诗，等到醒悟过来，这件事已经成为笑谈传扬出去了。虽然诗谜本身非常精妙，但奇智巧慧如果用在不恰当的地方，就会显得刻薄。

七 辛未状元

【原文选读】

辛未①会试②，江阴袁舜臣作谜于灯上，云："六经蕴藉胸中久，一剑十年磨在手，杏花头上一支横，恐泄天机莫露口。一点累累大如斗，掩却半床何所有？完名直待挂冠归，本来面目君知否？"

诸人不辨，唯刘瑊③一见知之，乃"辛未状元"四字。

（选自明·冯梦龙《智囊》）

注释：

　①辛未：指明朝隆庆辛未年间。

　②会试：明代科举制度，每三年，各省举行乡试，中试者为举人。次年，举人在京师参加的考试为会试，中试者为进士。

　③刘瑊（jiān）：明朝隆庆年间进士。

【文意疏通】

　　明穆宗隆庆年间在京城举行会试的时候，来自江阴的袁舜臣作灯谜一首，共八句。大家都猜不出谜底，只有同去应考的刘瑊一看就猜中了。其中第一句取"六"字，第二句取"一""十"，合起来就是"辛"字。三、四句中"杏"字头上加上一横，再去掉下面的"口"字，就是"未"字。第五句中，将"、"（一点）与"大"合起来就是"犬"字，第六句中"床"（繁体'牀'）取一半即"爿"，"爿"与"犬"合起来就是"状"（简体'状'）字。第七句中，"完"字挂冠，即去掉"宀"，是"元"字，因此合起来就是"辛未状元"的意思。

【义理揭示】

　　袁舜臣想表达自己会试高中的愿望，又不好直白表露，以免遭人讥评，于是借助灯谜的形式将"辛未状元"四字隐藏其中。这首灯谜诗在字面上，也写出了自己寒窗苦读，遍览群书，想要在考试中一举夺魁的愿望。可谓是谜面与谜底相映成趣了。

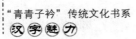
八 唐皋智对

【原文选读】

　　唐皋①以翰林②使朝鲜。其主出对曰："琴瑟琵琶，八大王一般头面。"皋即应对曰："魑魅魍魉③，四小鬼各自肚肠。"主大骇服。

　　　　　　　　　　　　　（选自明·冯梦龙《古今谭概》）

注释：

　　①唐皋（gāo）：字守之，号心庵，明代人，正德九年中进士第一。

　　②翰林：翰林院属官。

　　③魑（chī）魅魍（wǎng）魉（liǎng）：泛指能害人的各类鬼怪。

【文意疏通】

　　古代代表国家出使外国的官员往往会挑选博学广识，聪慧过人者，这样在面对外国各类考验和刁难时才能化解危机，维护国家的形象与威严。明代的唐皋科举时中过状元，他曾以翰林的身份出使朝鲜。朝鲜的君主出了对联考验他："琴瑟琵琶，八大王一般头面。"这个出句中，琴瑟琵琶均为弦乐器，四个形声字的形旁一致，合起来是八个"王"字，因此说"八大王一般头面"。唐皋的回答十分巧妙："魑魅魍魉，四小鬼各自肚肠。"在对句中，魑魅魍魉都是对鬼怪的称呼，四个形声字的形旁也一致，合起来就是四个"鬼"字。而且"四小鬼各自肚肠"也语含嘲讽与警告，意思是让朝鲜君主不要自作聪明，无论什么样的心机肚肠都会被识破的。因此对方既惊怕又服气。

【义理揭示】

这副汉字对联将属性相同的形声字放在一起，利用形旁相同而声旁各异的特点构思成句。对仗工稳，名词、数词、形容词无不贴切，还有寓意蕴含其中，堪称一绝。

九 奇童巧对

【原文选读】

冻雨洒窗，东二点西三点；

切瓜分片，上七刀下八刀。

杨一清①八岁，举②奇童。入朝值③寒天，上见之，命以此对，杨答之。称旨④，赐红衣金币，后官大学士⑤。"冻"字是"东"字边二点，"洒"字是"西"字边三点；"切"字是"七"字边"刀"字，"分"字是"八"字下"刀"字。

（选自清·汪升《评释巧对》）

注释：

①杨一清：字应宁，号邃庵，明代人，官至内阁首辅。

②举：称，言说。

③值：正赶上。

④称旨：符合皇帝的心意。

⑤大学士：官名，为皇帝起草诏令，批答奏章，地位尊崇。

【文意疏通】

明代的杨一清年仅八岁时，被人称为神童。他入朝觐见皇帝正好是寒冷的冬天，皇帝为了测试他的才华，给出"冻雨洒窗，东二点西三点"的上联，杨一清给出下联"切瓜分片，上七刀下八刀"。他的回答很合皇帝心意，于是赏赐他红衣金币。后来杨一清官至大学士一职。对联将"冻"拆成"冫"、"东"，将"洒"拆成"氵"、"西"，将"切"拆成"七""刀"，将"分"拆成"八"、"刀"，并且用拆解后的字入联，与原字的意思相呼应。

【义理揭示】

这副对联，不但分解了汉字的偏旁，而且切合事理：两点、三点形象地描绘出了落雨时的情状，七刀、八刀形容切瓜也十分有趣。对仗工稳，上下联不但动词、名词、数词、量词严格对应，甚至平仄也是协调的，非常难得。

✚ 李泰敏对

【原文选读】

　　三石作磊，白堆泉水之间；
　　双木成林，高出嵩山之上。
　　李泰①幼时，师见盆中堆假石山，因出此对，即答之。下句承上句"石"字言之，而以"白水"二字合成"泉"字于中间，此为难属之句也。所答者，下句承上句"山"字言之，而以"山高"二字合成"嵩"字于中间，何其工敏有是耶！

（选自清·汪升《评释巧对》）

注释：

　　①李泰：明代洪武年间进士。

【文意疏通】

　　明人李泰年幼时，他的老师看到盆中堆砌着假山，由此出了一个上联："三石作磊，白堆泉水之间"，李泰当即对出了下联："双木成林，高出嵩山之上。"上联中，三个"石"字组成"磊"字，"白"与"水"合起来是"泉"字。下联中，两个"木"字合起来是"林"字，"高"与"山"合起来是"嵩"字。从内容上看，下句内容都是承接上句而来的：上联先说假山，再说假山堆砌于泉水间；下联先说树林，再说树林长在嵩山顶上。

【义理揭示】

　　汉字对联既需要离合汉字，还要兼顾字义在拆解前后能否顺畅接续，出句对句是否工稳，全面考查了汉字的音、形、义和诗歌创作基础，可以有效地检验一个人的聪慧敏捷度与学识能力。因此在古代，不少神童都有对联故事流传也就不奇怪了。

十一　大人小人

【原文选读】

　　韩襄毅公雍①与夏公埙②饮，各出酒令③。公欲一字内有大人小人，复以谚语④二句证之，曰："伞（简体'伞'）字有五人。下列众小人，上侍一大人。所谓有福之人人伏事⑤，无福之人伏事人。"

夏云："爽字有五人。旁列众小人，中藏一大人。所谓人前莫说人长短，始信人中更有人。"

（选自明·冯梦龙《古今谭概》）

注释：

①韩襄毅公雍：字永熙，明代人，曾任御史，谥号襄毅。

②夏公埙（xūn）：字宗成，明代人，曾任巡抚、按察使等职。

③酒令：宴会中助酒兴的游戏。

④谚语：通俗易懂的短语或韵语，多数是对生活经验的总结。

⑤伏事：伺候，服侍。

【文意疏通】

酒令是筵宴上助兴取乐的饮酒游戏，在中国有悠久的传统。饮酒行令常常以赋诗填词、猜谜行拳相伴，需要行酒令者机智敏捷，文才出众。而酒令与汉字的结合，增加了酒令的难度与趣味，更显智慧。明代人韩雍与夏埙一次饮酒，各自出酒令相对。要求是酒令中先出一个字，字中必须包含大人、小人，还要用两句谚语来证明这个字。韩雍先说："'傘'（简体'伞'）字中有五个'人'字，像是一个大的人在上面被下面四个小的人服侍。这就是俗话所说的'有福的人就会有人来伺候他，没福气的人只好去伺候别人了'。"夏埙接着说："'爽'字里面有五个'人'字，四个小的人分列两边，中间藏着一个大的人。这就是俗话所说的'不要在他人面前说别人不是，看不起人，因为人中更有强人'。"

【义理揭示】

　　韩雍与夏㙙都通过拆解汉字偏旁的方式得到了五个"人"字，他们巧妙地用贵人与苦命人、高尚的人与卑劣的人的关系来寓意汉字中大人、小人的形体差异和位置关系。这样充满奇思妙想的游戏能使人在饮酒时胃口大开，兴致十足。

十二 中秋酒令

【原文选读】

　　沈石田①、文衡山②、陈白阳③、王雅宜④游饮虎丘⑤千人石上。时中秋，月色大佳，石田行令云："取上一字，下拆两字，字义相协⑥。"倡⑦云："山上有明光，不知是日光、月光。"文云："堂上挂珠帘，不知是王家的、朱家的。"陈云："有客到舘（"馆"的异体字）驿，不知是舍人、官人。"王云："半夜生孩儿，不知是子时、亥时。"各赏大觥⑧。

（选自明·冯梦龙《古今谭概》）

注释：

　　①沈石田：沈周，字启南，号石田，自称白石翁，明中期著名画家。

　　②文衡山：文徵明，别号衡山居士，明朝书画家。

　　③陈白阳：陈道复，号白阳山人，善书画写生。

　　④王雅宜：王宠，字履仁，号雅宜山人，明代书画家。

　　⑤虎丘：山名，在江苏省苏州市西北。

　　⑥协：协调、配合。

⑦倡：引导，先导。

⑧觥（gōng）：盛酒或饮酒器。

【文意疏通】

明代著名画家沈周、文徵明、陈道复、王宠四人结伴在虎丘山千人石上饮酒游玩。当时正好是中秋，月色非常好，沈周行酒令说："先取一个字，然后把这个字拆成两个字，意思还要协调。"他首先说："山上有明光，不知是日光、月光。"文徵明接着说："堂上挂珠帘，不知是王家的、朱家的。"陈道复说： "有客到**舘**（"馆"的异体字）驿，不知是舍人、官人。"王宠最后说："半夜生孩儿，不知是子时、亥时。"四个人都符合酒令规则，每人都喝了一大杯酒。四位画家分别将"明""珠""**舘**""孩"四字拆开，变为两字，而且上、下句在意思上通顺无碍，十分难得。

【义理揭示】

与隐秘难解的字谜诗歌相比，汉字酒令更加通俗易懂，口语意味更浓，趣味性也更强。精彩的汉字酒令会被快速传播，而名人在宴饮酒席间才思敏捷、出口成章的表现也使这种娱乐游戏更添一份雅致。

文化倾听

所谓字谜诗，是指以意义完整明确的整首诗歌作谜面的字谜。它与一般字谜的不同之处在于，字谜虽然也会以整齐的句子作为谜

面，但这些句子常常是无意义的，仅为指向谜底服务。而对于字谜诗来说，即便不能猜测出谜底，谜面本身也可以作为一首工致得体的诗歌来欣赏。因此字谜诗是诗歌与字谜的融合体，诗中有字谜，浑融为一。人们在欣赏字谜诗的时候，既能感受到诗的韵味，又能体会到字谜的趣味，可谓一举两得。字谜诗的来源主要是民间歌谣与文人创作。民间歌谣更加通俗活泼、灵动自然，文人创作更加注重诗歌的韵律、对仗以及托物言志的功能。有的字谜诗甚至还能实现诗意与谜底的呼应，表里共同指向同一个意思。如本章中收录的"苏轼解字"一则就是如此。本章所选的字谜诗基本都属于文人创作，这一点从作者的身份便可以看出。

所谓字谜联，就是一种以对联作为谜面的字谜。它既要符合对联的基本要求，讲究对仗、平仄、构思、辞格等，又要通过离合、拆解、会意等方式隐藏字谜在其中。与字谜诗一样，字谜联的佳作往往能将对联特性发挥到极致，并与谜底相呼应。除了以汉字作为谜底外，有时为了增加对联的难度与趣味，也可以将汉字离合拆解，或者把字形、字义上有共性的汉字巧妙地镶嵌在对联之中，与语意相配合，组成字联。这种字联实质上就是一种汉字游戏，通过出句与对句的互答，来比拼或检验两人的才智与学识。比如本章中收录的"唐皋智对""奇童巧对"的故事就是如此。

由于字谜诗、谜联往往是韵语，平仄协和，因此读起来朗朗上口，便于记诵，传播迅速。其中的佳作可以流传千古而不衰，相关的故事会在后世口耳相传中越来越丰富，成为一个个经典的文化故事。这些字谜诗、谜联故事的主人公又常以少年神童、才子俊杰、朝廷栋梁的面貌出现，激发了人们的向往钦慕之心。一代又一代的中国人，就是从这样的故事中加深了对汉字、对诗歌的认识，培养了文学的领悟力，收获了启迪与教益。

酒令在中国也有悠久的历史，为了营造宴会的娱乐气氛，增加饮酒的趣味，人们常常用各种小游戏来辅助。因为是游戏，所以形式上不拘一格，比如流觞传花、猜拳、投骰、猜枚、掷骨牌等等，文字谜语是其中的一种。相较而言，用文字游戏行酒令对场地和道具的要求很低，也更加雅致从容，符合文人的要求。本章收录的"猜谜赐金钟"实际上就是酒令字谜最早的滥觞。酒令没有什么固定的规则，不像诗谜、对联那样有严格的平仄、对仗的要求，行令之人可以随意临时安排，俗语、俚语都可以使用，因此更加贴近生活，活泼自然。本章中收录的"大人小人"一则就是这类文字酒令的经典之作。

汉字不仅仅是一种文字书写形式，它也构成了中华文化的筋骨，集中地反映了我们的审美趣味与认知世界的方式。汉字本身的特性使它可以游刃有余地与各类文学艺术形式相结合，并成为其中的点睛之笔，尽显深邃、博大与从容。

文化传递

字谜诗不仅仅是只属于古代人的游戏，在战乱交替的近现代中国，字谜诗成为传递情报、宣传革命、保证安全的有效方法。利用对联来拆解汉字，在发挥汉字微言大义功效的同时，也体现出中国人的乐观智慧与不可摧折的精神面貌。

（一）

1915 年，袁世凯罔顾民意，坚持推行君主立宪制，准备成立

中华帝国，他自己做皇帝。这激起了当时一心拥护民主共和政体的有识之士的反对，全国上下形成了声势浩大的倒袁运动。当时，倡导了辛亥革命的孙中山和宋庆龄新婚不久，两人也在思考讨伐袁世凯的问题。

一次，两人外出散步，讨论该如何调动更多的民众力量参与到反对袁世凯称帝的护国运动中去。宋庆龄突然灵机一动，笑着对孙中山说：

"逸仙，不如用对联来作宣传口号吧。我出上联，你对下联，怎么样？"

"庆龄，你是想考考我吧？说说看。"孙中山也笑着回道。

宋庆龄莞尔一笑，轻声吟出上联：

"或入园（園）中，逐出老袁还我国（國）。"

孙中山一听，这上联巧妙地利用了汉字的离合变形，将"園"字中的"袁"替换成"或"，就变成了"國"字，寓意着只有推翻袁世凯，才能维护辛苦建立起的中华民国，一语中的又别出机杼。他不禁称赞道：

"妙极。看来这下联，也不能轻易应付了。"

孙中山沉思片刻，对出下联：

"余行道上，义无回首瞻前途。"

将"道"字中"首"字替换成"余"字，就成了"途"字，同样是使用了离合拆解汉字的方法，与上联有异曲同工之妙，又表达了自己护卫民主政体，立誓讨袁的坚定决心，铿锵有力。宋庆龄赞叹不已。

没多久，袁世凯就在全国人民的一片声讨中和各方压力下一病而亡了。

（二）

抗日战争结束后，国民党又忙于内战，统治区内物价飞涨，贪墨严重，官僚家族疯狂敛财，普通民众的生活日益艰难。

一日，在南京某学校的门前，贴出了这样一副对联：

欠食饮泉，白水何堪足饱；

无才抚墨，黑土岂能充饥。

上联里面将"食"字看作偏旁"饣"，与"欠"字合起来就是"饮"字，"白"字、"水"字上下合起来是"泉"字。"欠食"、"白水"既暗嵌了两个汉字，也是对真实艰难生活的写照，表明了缺衣少食的困窘。下联里面将"才"字、"无"字组合起来，就是"抚"字，将"黑"字、"土"字组合起来，就是"墨"字，也在与上联相对应的位置暗嵌了两个汉字，同时强调了老师们在物质极度匮乏的前提下坚持工作、教书育人的艰辛。

这副对联正是对国民政府不顾国计民生的最佳抗议。

（三）

夏明翰是中共早期的革命家，曾参与发动了秋收起义和一系列农民革命运动，对湖南无产阶级革命事业的开展作出了重要贡献。

一次，他在中央农民运动讲习所对学员们说："蒋介石发动的反革命政变势必是要失败的，虽然他现在看上去气焰嚣张，但也抵不过我们千千万万联合起来的农民兄弟。我这儿有个诗谜给大家猜猜，里面的意思能代表我们共同的愿望。"

说罢他就在讲课的黑板上写下了字谜：

一车只装一斤，

好个草包将军。

两个小孩相助，

还有三个大人。

首句里"车"字加上"斤"字是"斩"字；第二句里"草"作为偏旁写作"艹"，加上"将"字是"蒋"字；第三句里"二"字加"小"字是"示"字；第四句里三个"人"字合起来就是"众"字，因此谜底就是"斩蒋示众"。这首字谜诗表现了夏明翰坚持革命的信念，也鼓舞了在场的学员们。

1928 年，年仅 28 岁的夏明翰因叛徒出卖而不幸被捕，就义前他写下了现在大家耳熟能详的《就义诗》：

砍头不要紧，

只要主义真。

杀了夏明翰，

还有后来人。

文化感悟

1. 在诗谜、字联、文字酒令中，你最喜欢哪一种形式？说一说它的特点。

2. 你还能想到哪些文学艺术形式是可以与汉字的特性相结合的？试举一两个例子。

3. 猜一猜下面两则谜联：

（1）爆竹一声除旧，桃符万户更新。

——打《红楼梦》一人名

（2）落花人独立，微雨燕双飞。

——打一字

第五章　错字别字

文化典籍

一 弄獐宰相

【原文选读】

林甫①恃②其早达③，舆马被服，颇极鲜华。自无学术，仅能秉笔，有才名于时者尤忌之。而郭慎微、苑咸文士之阘茸④者，代为题尺⑤。林甫典⑥选部⑦时，选人⑧严迥判语有用"杕杜⑨"二字者，林甫不识"杕"字，谓吏部侍郎韦陟曰："此云'杖杜'，何也?"陟俯首不敢言。太常少卿姜度，林甫舅子，度妻诞子，林甫手书庆之曰："闻有弄獐⑩之庆。"客视之掩口。

（选自五代·刘昫《旧唐书》）

注释:

①林甫：指唐朝有名的奸相权臣李林甫，唐玄宗时期把持朝政，权势极盛。

②恃：依赖，凭借。

③达：显达。

④阘茸（tà róng）：卑贱。

⑤题尺：写文章或书信。

⑥典：主管。

⑦选部：吏部，负责人才选拔和官员升降。

⑧选人：候补的官员。

⑨杕（dì）杜：孤生的杜梨树，后多用来比喻骨肉情谊。

⑩弄獐：实为"弄璋"的误写，古时称生男为"弄璋"。

【文意疏通】

　　唐朝奸相李林甫居相位 19 年，深得唐玄宗的信任，权势极盛。他凭借自己发迹早，车马服饰都极其鲜艳华丽。然而他自己没有什么学问，仅仅能提笔写字而已，因而对当时以才华闻名的人特别忌恨。平时由郭慎微、苑咸等卑贱文人代他写文章书信。李林甫主持吏部时，有一名候补官员的评语中有"杕杜"二字，李林甫不认识"杕"字，对吏部侍郎韦陟说："这里说'杖杜'，是什么意思?"韦陟低头不敢答话。太常少卿姜度，是李林甫舅舅的儿子，姜度的妻子生了儿子，李林甫亲手写贺信说："闻有弄獐之庆。"客人们看了都掩口而笑。

【义理揭示】

　　李林甫的不学无术通过他不识"杕杜"与"弄獐"之典就可以看出。即便他占据宰相高位，手握生杀大权，没有人敢在他面前直言，也无法掩盖自己才学浅陋不识字的事实。

二 伏猎侍郎

【原文选读】

林甫引①萧炅为户部侍郎②，炅素③不学，尝对中书侍郎④严挺之⑤读"伏腊"⑥为"伏猎"。挺之言于九龄⑦曰："省中⑧岂容有伏猎侍郎！"由是出炅为岐州刺史⑨，故林甫怨挺之。

（选自宋·司马光《资治通鉴》）

注释：

①引：荐举。

②户部侍郎：官名。户部掌管天下土地、人民、钱谷、贡赋等，侍郎是户部尚书的属官。

③素：向来。

④中书侍郎：官名，职掌诏命。

⑤严挺之：名浚，以字行，唐代官员，因得罪李林甫不受重用，郁郁而死。

⑥伏腊：指夏季的伏日和冬季的腊日，秦汉时均为祭祀的节日。亦泛指节日。

⑦九龄：指张九龄，唐玄宗时大臣、诗人，曾任宰相，李林甫深忌其才，极力排挤。

⑧省中：宫禁之中。

⑨刺史：古代官名。原为朝廷所派督察地方之官，后沿为地方官职名称。

【文意疏通】

李林甫推荐萧炅做户部侍郎。户部主管全国的土地、户口、钱

粮、赋税等，侍郎是户部里仅次于尚书的官职，非常重要。但萧炅这个人和李林甫一样不学无术，曾在中书侍郎严挺之的面前把"伏腊"误读成了"伏猎"，可见他根本就不知道这个词的意思。严挺之把这件事告诉了当时的宰相张九龄，说："朝廷里怎么能容许有'伏猎侍郎'存在呢!"于是朝廷将萧炅外放，做了岐州的地方官。因为这个原因李林甫很怨恨严挺之。张九龄罢相后，李林甫百般阻挠严挺之得到重用，最后严挺之抑郁而亡。

【义理揭示】

所谓"人以群分"，才疏学浅的李林甫推荐的也是不学无术之人。虽然在现在看来"伏腊"算是生僻词，但在古代，这个词还是会经常出现的。作为朝廷的重要官员，不认识这个词是很可笑的事。这以后，"弄獐宰相"与"伏猎侍郎"就成为典故，用来讥讽缺乏文化知识，又自以为是的为官者；也用来讽刺常用错别字，文化水平低的人。

三 人日鸟

【原文选读】

南唐王建封[1]不识文义，族子[2]有《动物疏》，俾[3]吏录之。其载鸽事，以传写讹谬，分一字为三，变而为"人日鸟"矣。建封信之，每人日[4]开筵，必首进此味。

（选自宋·陶毅《清异录》）

注释：

①王建封：南唐人，以骁勇善战闻名。

②族子：同族兄弟之子。

③俾（bǐ）：使。

④人日：每年正月初七，又叫"人胜日""人庆"等。传说女娲造人时，前六天分别造出了鸡狗羊猪牛马，第七日造出了人，因此人们认为正月初七是人的生日。

【文意疏通】

南唐颇有名气的勇士王建封不能识别文字的意思，同族兄弟之子有本书叫作《动物疏》，专门介绍各种动物。王建封让身边小吏抄录过来给他看。里面记载了鸽子的情况，因为传抄的谬误，将一个"鸽"字分成了三部分，变成了"人日鸟"。王建封信以为真，认为这只鸟跟人日有关。因此每到正月初七摆宴席的时候，上菜都先上鸽子。

【义理揭示】

在印刷术尚未全面普及的时代，人们往往通过抄录的形式来传阅书籍。而且由于古代书写习惯是由上往下竖排成文，也没有明确的标点断句，因此有时会因为抄录中的误笔，或是断句错误，或是错误地离合了字形，将原文的意思弄错。王建封因为文化程度不高，所以没能看出书中的抄写错误。

四 包拯智斩鲁斋郎

【原文选读】

　　老夫姓包名拯①，字希文，庐州金斗郡四望乡老儿村人氏。官封龙图阁待制②，正授开封府尹③。奉圣人的命，差老夫五南④采访⑤。来到许州，见一儿一女，原来是银匠李四的孩儿。他母亲被鲁斋郎夺了，他爷不知所向。这两个孩儿，留在身边。行到郑州，又收得两个儿女，原来是都孔目⑥张珪的孩儿。他母亲也被鲁斋郎夺了，他爷不知所向。我将这两个孩儿也留在家中，着他习学文章。早是十五年光景，如今都应过举，得第了也。老夫将此一事，切切于心，拳拳在念⑦。想鲁斋郎恶极罪大，老夫在圣人⑧前奏过：有一人乃是"鱼齐即"（繁体"魚齊即"），苦害良民，强夺人家妻女，犯法百端。圣人大怒，即便判了"斩"字，将此人押赴市曹⑨，明正典刑⑩。得到次日，宣鲁斋郎（繁体"魯齋郎"）。老夫回奏道："他做了违条犯法的事，昨已斩了。"圣人大惊道："他有甚罪斩了?"老夫奏道："他一生掳掠百姓，强夺人家妻女，是御笔亲判'斩'字，杀坏了也。"圣人不信，"将文书来我看。"岂知"鱼齐即"（繁体"魚齊即"）三字，"魚"字下边添个"日"字，"齊"字下边添个"小"字，"即"字上边添一点。圣人见了，道："苦害良民，犯人鲁斋郎，合该斩首。"被老夫智斩了鲁斋郎，与民除害。

（选自元·关汉卿杂剧《鲁斋郎》）

注释:

①包拯:北宋大臣,著名清官。

②龙图阁待制:宋代官名,官员在本职之外加领的另外虚衔,一种荣誉称号。

③开封府尹:官名,主掌京城民政、狱讼。

④五南:指江南、湖南、岭南、海南和云南,合称"五南"。亦为南方的泛指。

⑤采访:搜求巡视、访察善恶、举贤荐能或弹劾贪赃枉法的官员。

⑥孔目:官府衙门里的高级吏人。掌管狱讼、账目、遣发等事务。

⑦切切于心,拳拳在念:深切诚挚、时时刻刻地牢记心头。

⑧圣人:指皇帝宋仁宗。

⑨市曹:市内商业集中之处,古代常于此处决人犯。

⑩明正典刑:依照法律处以极刑。明,表明;正,治罪;典刑,法律。

【文意疏通】

《鲁斋郎》是元代关汉卿著名的公案戏,内容写了一个名叫鲁斋郎的京官,他仗着皇帝的宠爱,对百姓残暴不堪,不但谋财害命,还夺人妻女。这样恶行累累的人因为有皇帝撑腰,没人敢动他一根汗毛。后来鲁斋郎又看上郑州官吏张珪的妻子,吩咐他送妻上门。张珪惧于淫威,只好照办。失去妻子后,张珪心灰意冷做了道士,儿女因为缺少亲人照拂而流离失所,被外出巡视的包拯收养。十五年后,包拯上奏折请皇帝批准处决抢人妻女的罪犯"鱼齐即"(繁体"魚齊即"),得到批准后将"魚"下添"日"变作"魯"(简体"鲁"),将"齊"下添"小"变作"齋",将"即"上加点变作"郎",成功将鲁斋郎斩首。等到皇帝追究起此事,发现文书上写的确实是鲁斋郎的名字,只好作罢。张珪与家人终于得以团

圆。选文选自杂剧的第四折，包拯自述了智斩鲁斋郎的经过。

【义理揭示】

包拯通过增补偏旁的方式，将"魚齊即"三字换成了字形相近的"鲁齋郎"，让皇帝以为是自己看错了字而误杀了宠臣。笔画的简单改变，却成了取胜的关键。

五　琵琶与枇杷

【原文选读】

莫廷韩①过②袁太冲家，见桌上有帖③，写"琵琶四斤"，相与④大笑。适屠赤水⑤至，而笑容未了，即问其故，屠亦笑曰："枇杷不是此'琵琶'。"袁曰："只为当年识字差。"莫曰："若使琵琶能结果，满城箫管⑥尽开花。"屠赏极，遂广为延誉⑦。

（选自明·浮白斋主人《雅谑》）

注释：

①莫廷韩：即莫是龙，字云卿，明代人，有才情，深通画理，尤精书法。

②过：拜访。

③帖：柬帖。

④相与：一起。

⑤屠赤水：即屠隆，字长卿，号赤水，明代著名文学家。

⑥箫管：泛指管乐器。

⑦延誉：播扬声誉。

【文意疏通】

明代著名书画家莫是龙一次拜访袁太冲的时候，看到桌子上有个柬帖，上面写着"琵琶四斤"。这个写帖子的人肯定是把可以弹奏的"琵琶"与能吃的水果"枇杷"混淆了。莫是龙与袁太冲一起大笑起来。恰好屠隆也到袁太冲家来，看到莫、袁两人笑容满面，就问他们缘故。知道了原因后，屠隆笑着说了一句打油诗："枇杷不是此'琵琶'，"袁太冲往下接到："只为当年识字差。"莫是龙也接着吟到："若使琵琶能结果，满城箫管尽开花。"这首打油诗是说会把两个意思完全不同的同音词混淆，是因为识字太少。如果乐器琵琶都能结果了，那其他笛子、洞箫都该能开花了。屠隆对这首诗非常欣赏，因此广泛传播了这个故事，赞扬了这首诗创作者的机敏。

【义理揭示】

"琵琶"与"枇杷"都是形声字，声旁相同，但意思完全不一样。如果看书识字的时候粗心大意，混淆了字形，就有可能会在他人面前丢丑。因此对待汉字不可不慎重。

六　昭执

【原文选读】

程覃①尹②京日，有治声③，惟不甚知字。尝有民投牒④，乞执状⑤造桥，覃大书"昭执"二字。民见其误，遂白⑥之："合是'照执'，今漏四点。"覃取笔于"执"字下添四点为"昭热"。庠舍⑦

诸生^⑧作传诮^⑨焉。

（选自明·陈耀文《天中记》）

注释：

①程覃：字会元，南宋官员，父亲是颇有声名的宰相。

②尹：治理，主管。

③治声：善于治理的名声。

④投牒：呈递文辞。

⑤执状：执照，也称照执，官府颁发的凭证。

⑥白：禀告。

⑦庠舍：京师学校。

⑧诸生：在学读书的学生。

⑨诮（qiào）：嘲讽。

【文意疏通】

南宋官员程覃在主管京城时，有善于治理的好名声，只是他不太认识字。曾有百姓向他呈递申请，乞求官府颁发造桥的执照。程覃写下"昭执"两个大字。这个百姓看到他写错了，就禀告说："应该是'照执'，如今漏写了四个点。"程覃拿笔就在"执"字下面添了四点，变成"昭热"两字。其实他应该在"昭"字的下面写四点。太学的学生们将这件事编成故事到处传扬讥讽程覃。

【义理揭示】

识字能力是文化素养的重要体现，官员若是在这方面有所欠缺势必难以让人信服。程覃文化素养不高，却能凭借家世身居要职，难免会遭人嘲笑。

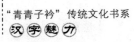
七 同大姐

【原文选读】

诸酒人议立杜康①庙，破土②日，掘地得碑。时诸人已入醉乡，见有"同大姐"字样，遂添设后寝③，居然为杜夫人矣。落成后，请县令拈香④。令至后寝，见碑大骇曰："此周太祖⑤碑也。"亟⑥移庙外。夜梦一衮冕⑦者来谢，令询之，曰："我是前朝周太祖，错配杜康为夫妇。若非县令亲识破，嫁着酒鬼一世苦。"闻者绝倒⑧。

（选自清·独逸窝退士《笑笑录》）

注释：

①杜康：古代传说中的酿酒始祖。

②破土：开始掘地。多指开挖墓穴或建筑动工。

③后寝：与前堂相对，指家眷居住的内宅。

④拈香：撮香焚烧以敬神佛。

⑤周太祖：即郭威，字文仲，后周建立者。

⑥亟（jí）：赶紧。

⑦衮（gǔn）冕：衮衣和冕冠的合称，是古代天子及王公贵族穿戴的礼服。

⑧绝倒：大笑不能自持。

【文意疏通】

几个酒鬼商议要为传说中酿酒的始祖杜康在他的家乡建一座庙。破土动工的那天，从地里挖出一块石碑。当时几个酒鬼已经喝醉，依稀看到碑上写着"同大姐"几个字，以为这是杜康的妻室，

于是在庙的格局建制中增添了家眷居住的内宅房屋，并且将这个"同大姐"视为杜夫人。庙宇落成后，几个人请来当地的县令焚香敬神，县令来到后宅，看见碑文十分惊骇地说："这是周太祖的碑啊。"赶紧让人把它移到庙外去了。县令晚上梦到一个穿着帝王礼服的人来拜谢他，县令询问缘由，他说："我是前朝的周太祖，被错误地与杜康相配为夫妻。如果不是你看出我的身份，我嫁给酒鬼就要受苦一辈子了。"听说这件事的人都大笑不已。

【义理揭示】

这是一则笑话，酒鬼们在迷糊中将字形相近的"周太祖"与"同大姐"弄混，差点让周太祖作了杜康的妻子，唐突先人。其意仍在告诫人们不要读错别字，否则就会成为笑谈了。

八　文徵明屈己尊人

【原文选读】

文衡山①生年②与灵均③同，因取"唯庚寅吾以降"④吟句为图书⑤。有一守自北方来，闻知衡山善画，因问人曰："文先生前更有善画过⑥之者乎？"或以唐伯虎⑦对，又问伯虎何名。曰："唐寅。"守即跃起曰："文先生屈己尊人⑧如此！"人问何故，曰："吾见文先生图书曰'唯唐寅吾以降⑨'。"闻者喷饭。

（选自清·褚人获《坚瓠集》）

注释:

①文衡山:即文徵明,初名璧,字徵明,以字行,号衡山居士,中国明代书画家。

②生年:指出生的具体月日。

③灵均:即屈原,名平,字原,又自称字灵均,战国楚臣、诗人。

④唯庚寅吾以降:屈原《离骚》中的句子,意思是我出生在庚寅这一天。

⑤图书:图章。

⑥过:超过,超越。

⑦唐伯虎:即下文的唐寅,字伯虎、子畏,号六如居士、桃花庵主等,中国明代画家,文学家。

⑧屈己尊人:贬抑自己,尊崇他人。

⑨唯唐寅吾以降(xiáng):意思是我只对唐寅一个人心悦诚服。

【文意疏通】

　　明代著名的大画家文徵明因为出生的具体月日与战国时期楚国诗人屈原相同,就把《离骚》里面的一句表明出生时间的"唯庚寅吾以降"刻在图章上赏玩。有一个从北方来的太守听说文徵明善于画画,就问人说:"有比文先生更善于作画的人吗?"有的人就回答说唐伯虎。这个太守又问唐伯虎的大名,人家告诉他是"唐寅"。太守就跳起来说:"没想到文先生贬抑自己,尊崇他人到这种地步啊!"大家问他缘故,太守说:"我看文先生的图章上刻着'唯唐寅吾以降'。"这句话的意思是我只对唐寅一个人服气。听到的人都大笑起来。

【义理揭示】

　　北方来的太守不了解江南名士的姓名字号也就罢了,也不肯读

书，连大家耳熟能详的《离骚》也不知道。这才会阴差阳错把"庚寅"误认作"唐寅"，将文徵明的文雅之举当作其对唐伯虎的敬服之辞。

九　贪功改字

【原文选读】

如皋①有一善刀笔吏②，见石庄③司巡检④申文内，称"巡检司⑤弓兵⑥某等，拿获巨盗若干名"。因语之曰："弓兵获盗，官于何许⑦?"文已将投，不及审改。索其五金，乃于司字旁，直添一笔，为"同弓兵某等获盗"。申文上而巡检得旌⑧矣。

（选自清·褚人获《坚瓠集》）

注释：

①如皋：地名，位于江苏中部。

②刀笔吏：古时用笔在竹简上写字，写错了，用刀刮去重写。因此刀笔吏指撰写公文或状词的人。

③石庄：如皋下属的小镇。

④巡检：官职名，掌缉捕盗贼，盘诘奸伪之事。

⑤巡检司：官署名。

⑥弓兵：负责地方巡逻、缉捕之事的兵士，属巡检司。

⑦许：称许，奖励。

⑧旌（jīng）：表彰。

【文意疏通】

江苏如皋有一名善于撰写公文的文官，看到石庄司巡检申报上级的公文内写着"巡检司弓兵某等，拿获巨盗若干名"，就跟这位司巡检说："士兵拿获盗贼，您又能获得什么赞许呢？"公文已经要投递出去了，来不及重新修改。这个文官就向司巡检讨要了五两银子的酬劳，在"司"旁添了一笔，变成了"同弓兵某等获盗"，这句话的意思就由士兵自己捕获盗贼变成了士兵是在司巡检的指挥下才抓获盗贼。申报文书投递上去后，巡检果然获得了表彰。

【义理揭示】

刀笔吏可以凭借只言片语或者一笔之差使文案的意思乾坤陡转、无中生有。这个故事中的刀笔吏就改了一个字，使得司巡检获得了本不应得的荣誉，自己也从中获得了利益。玩弄文字谋取私利、混淆黑白、造成冤狱，是这类刀笔吏被人痛恨的原因。

十 犬门救人

【原文选读】

官府案牍①，有更易一字而轻重悬殊者，吏胥每藉②是以舞弊③。惟通州胡大宗伯④长龄⑤之封翁⑥，尝改一字，救人之生，可以为法。

封翁尝为州吏，承行⑦盗案，犯供"纠众自大门入"，已定谳⑧矣。翁知众犯因贫苦偶作窃，非真巨盗。言于官曰："此到案而即承认盗情，必非久惯为盗者。今首从⑨皆斩，似失入⑩矣。"官以上

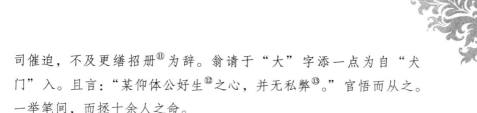

司催迫，不及更缮招册^⑪为辞。翁请于"大"字添一点为自"犬门"入。且言："某仰体公好生^⑫之心，并无私弊^⑬。"官悟而从之。一举笔间，而拯十余人之命。

（选自清・陆以湉《冷庐杂识》）

注释：

　　①窦牍：官府的文书。

　　②藉：同"借"，凭借。

　　③舞弊：作弊。

　　④大宗伯：年长的声望很高的族伯。

　　⑤长龄：胡长龄，字西庚，清代人，乾隆年间状元。

　　⑥封翁：也称"封君"，封建时代因子孙显贵而受封典的人。

　　⑦承行：辅佐承办。

　　⑧定谳（yàn）：定案。谳，审判定案。

　　⑨首从：首犯从犯。

　　⑩失入：谓轻罪重判或不当判刑而判刑。

　　⑪更缮（shàn）招册：更改抄录案情手册。更，更改；缮：书写，抄录；招册，记录案件始末、犯人供词等的册子。

　　⑫好生：爱惜生灵，不嗜杀。

　　⑬私弊：营私舞弊的事情。

【文意疏通】

　　官府的文书，常常会变更一个字就导致结果的轻重差别极大。官员文吏们常借着这个来徇私舞弊。只有通州大宗伯胡长龄，后来还受封做了封翁的这个人，曾经改了一个字，挽救了他人的生命，值得效法。

封翁曾经做过州里的文吏，协助承办一个盗窃的案子，罪犯招供是"纠集众人从大门进入"的，已经查清事实定案了。封翁知道这些案犯是因为贫困穷苦，所以偶尔行窃，并不是真正的江洋大盗。因此对州官说："像这种一被捕获刑讯，就坦白承认盗窃经过情形的，必定不是长期惯作盗贼的人。如今不分首犯从犯全部斩杀，似乎轻罪重判了。"州官却推辞说上司催促得紧，来不及更改修正案情记录文书，拒绝改判轻罪。封翁就请求将"纠集众人从大门进入"中的"大"字改为"犬"字，这样，明目张胆从大门进入抢劫的强盗就变成了小偷小摸，钻狗洞行窃的行为罪责也大大减轻了。封翁还说道："我是仰慕您有好生之德，才提出建议的，这并不算徇私舞弊。"州官也醒悟过来，听从了他的建议。只是举起笔一挥的工夫，就拯救了十几条性命。

【义理揭示】

所谓的刀笔吏，可以通过文字害人，也可以通过文字救人。胡长龄为那些因为贫困才行窃的盗贼求情却遭到拒绝，为此他提出更改文书的建议。仅仅是一点之差，就使案件的性质发生了变化。这种做法从法律的层面来讲当然是不允许的，但当时的法律环境也使胡长龄找不到正规途径为盗贼们减轻罪责，只能通过改动案卷文字的方式来达到目的。可见文字的力量是多么巨大！

文化倾听

中国传统的语言文字学被称为"小学"，包括文字、音韵、训

诂三大块内容，分别对应着汉字的形、音、义。这三者之间浑然一体，不可分割。中国人历来都对识文断字的基本功非常重视，章太炎在《国故论衡》中提到："盖小学者，国故之本，王教之端，上以推校先典，下以宜民便俗，岂专引笔画篆、缴绕文字而已。苟失其原，巧伪斯甚。"章太炎认为，语言文字是典籍的依托，教化的根本，如果不能以严肃、端正的态度对待，就会使文化流于虚伪巧俗，危害极大。因此重视汉字的书写与读音不是要对笔画、语音本身斤斤计较，而是关系到文化的兴衰传承与教育的风气引领。

　　在实际学习、使用汉字的过程中由于不了解汉字的音、形、义，或者仅仅是因为粗心大意，经常会出现读写错误的问题。汉字的误写通常包括以下三种情形：一是随意增减汉字笔画造成的错字。汉字是由笔画构成的，不同的汉字，笔画的多少、位置、形态也千差万别。而有些汉字在形体上非常相近，差别非常微小。这使得汉字书写也很容易出错。尤其是汉字的形旁，一旦弄错笔画，字义就改变了。二是声旁相同的形声字容易混淆，将甲字误作乙字。有些汉字读音相同，声旁一致，差别主要靠形旁来体现，如果不了解形旁部首代表的含义，就容易因为读音相同而将不同的字混为一谈。三是因为不了解典故或句子出处导致的误解。这类错字主要是由于读书不多，涉猎不广造成的。错别字的误读有时与汉字的错认错写有密切关系，有时则是由于读字只读半边，或者不了解一字多音多义导致的。

　　在本章收录的故事中，可以看出古人对读写错别字的人抱有怎样的嘲笑态度。对于李林甫、萧炅这样的位高权重者，博学广识、文字流利是最基本的素质要求，如果国家都由才疏学浅的人把持，结果也就可想而知了。即便是普通民众，如果不能正确地掌握汉字的音形义，不但会给自己的日常生活带来小麻烦，也会成为周围人的笑谈，如"人日鸟""琵琶与枇杷""同大姐"的故事就是如此。在古人看来，会出现错字别字现象最主要的原因仍然在于不学无术，根基浅薄，受教育程度低。这样的人常常表现出鄙陋无知的特点，无法理解文雅含蓄的文人生活，还会对他们产生误解，"文徵明屈己尊人"的故事就是如此。

在古代，那些深谙文字取用之道，负责撰写文案卷宗，或是了解法律规则的讼师、幕僚都会被称为"刀笔吏"。他们会利用一些汉字形体相近的特点主动地创造出一些"错别字"，通过这种方式来修改文书案卷，使文意产生巨大的变化，影响案情的走向。本章"贪功改字"是刀笔吏利用汉字行恶的故事，而"犬门救人"则是利用汉字行善的故事。无论善恶，都清楚地反映出一字之差的影响到底有多大，告诫我们切不可将识文断字视为儿戏。

文化传递

无论何时，正确地读写汉字都是对一个人文化素质修养的基本要求，无法做到这一点的人是不会得到众人的尊重和认可的。而错别字的出现，则会造成上传下达的错误，给生产和工作带来不必要的损失，在历史的关键时刻，甚至还会决定战争的胜败与国家的命运。当然，我们也可以巧妙地利用汉字的形体特点为表情达意服务，体现微言大义的功效。

（一）

1915年，袁世凯罔顾民意，坚持推行君主立宪制，准备成立

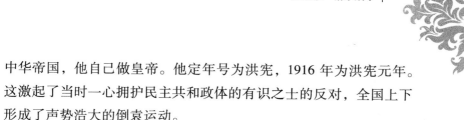

中华帝国，他自己做皇帝。他定年号为洪宪，1916 年为洪宪元年。这激起了当时一心拥护民主共和政体的有识之士的反对，全国上下形成了声势浩大的倒袁运动。

为了收买人心，争取有利的舆论形式，袁世凯派人到处收买报社，承诺只要报社不反对他称帝，愿意公开表示支持，就会给报社高额补贴。当时上海的《申报》是南方地区举足轻重的报纸，如果能获得《申报》的支持，将会极大扭转袁世凯在舆论上的不利局面。为此，袁世凯特意派亲信南下游说，希望能以金钱打动报社。

当时主掌《申报》的史量才对袁世凯倒行逆施的举动十分不满，他不但严词拒绝了公开支持袁世凯称帝，为了表明态度，还特意交代报社工厂的排字工人，遇到需要排"洪宪"年号的时候，不要排"宪"字，用另外一个"宀"部首的字来替代。如果遇到袁世凯派人来检查，就回复说是排版时不小心排错了。结果第二天《申报》上出现了"洪害元年"的字样。排字工人巧妙地挑选了同部首的"害"字来代替"宪"字，不但表明了对袁世凯恢复帝制的不满，还暗示他是人民的祸害，必须要铲除。

《申报》就是用这样的方式向全国申明了自己的倒袁态度。

（二）

1915 年底，袁世凯宣布复辟称帝，蔡锷随即在云南宣布独立，组织护国军，倡导了声势浩大的护国战争。顾品珍是当时蔡锷手下的一员得力干将，为了扩充护国军实力，他将自己的表弟王敬文推荐到四川省民政厅，请民政厅厅长金利容自行考核录用。

厅长金利容随意问了王敬文几个问题，见他思维敏捷、能言善辩，对当下军国大事有不俗的见解，对他十分满意，便安排他去涪州担任知州。不久，民政厅给王敬文下发了正式的委任状，按规矩，王敬文在接到委任状时应向上级表态会认真工作云云。于是他便豪气冲天地对金利容大声说："陪州现任知州王敬文定不辜负厅长厚爱，勤勉为民！"

金利容见王敬文把"涪"读作"陪"，十分惊讶，但犹自不信是他不会读，于是善意提醒说："敬文热血为国固然是好的，也要看看清楚啊。"王敬文仔细又看了一遍委任状，更大声地回复说："倍州现任知州王敬文定不辜负厅长厚爱，勤勉为民！"在场的人忍不住哄堂大笑。金利容无奈地说："你连'涪'都不认识，又怎能掌管一州，怎能服众呢？"说罢，又补充道："鄙人姓金名利容，望敬文不要看成'刺客'才是。"众人听了又是大笑不已。任用王敬文的事自然也到此为止了。

事后，金利容亲自向顾品珍解释了不能任用王敬文的原因。顾品珍不但没有生气，反而夸赞金利容考核细致，会挑选人才，并决定让王敬文继续学习，加强修养。

（三）

1930 年，阎锡山、冯玉祥、李宗仁等军阀组成讨伐蒋介石的联军，想夺取国民党的统治权。这次战争是中国近代史上规模最大的一次军阀混战，也被称为"中原大战"。

在阎锡山、冯玉祥原本的作战计划中，两军应在河南、山西交界处的沁阳会师，然后集合兵力一举歼灭聚集在河南的蒋介石军队。但冯玉祥的作战参谋在下达作战命令时，一时大意将"沁阳"的"沁"字多写了一撇，变成了"泌阳"，而且河南确实也有一个叫"泌阳"的地方，只是距离却与"沁阳"相差了 200 多公里，一个在黄河以北，一个在黄河以南。最后冯玉祥的军队根据错误的指令开赴"泌阳"，未能与阎锡山的军队及时会合，贻误了战机，

错过了歼灭蒋军的有利时机。蒋介石借机取得了战争的主动权，冯玉祥的军队反而陷入了处处被动挨打的境地，战争的最后以阎、冯联军的失败告终。蒋介石在国民党内部的统治权也更加稳固了。

试想如果当时没有这一撇之误，中原大战的结局可能会改写，中国的历史也有可能就是另外一种面貌了。

文化感悟

1. 错别字可能带来的危害有哪些？

2. "文化倾听"中归纳了汉字误写误读的常见情形，你能结合自己读写汉字的经历各举两个例子吗？

3. 结合第1、2题，试着选一对易混淆的汉字编一个关于错别字的笑话故事，注意故事中要突出错别字带来的危害。

第六章 同音近音

文化典籍

一 大小姓氏

【原文选读】

　　阳伯博任山南^①一县丞^②，其妻陆氏，名家女也。县令妇姓伍也。他日，会诸官之妇。既相见，县令妇问赞府夫人何姓，答曰姓陆。次问主簿^③夫人何姓，答曰姓漆。县令妇勃然入内，诸夫人不知所以，欲却回。县令闻之遽^④入，问其妇，妇曰："赞府妇云姓陆，主簿妇云姓漆，以吾姓伍，故相弄耳。余官妇赖吾不问，必曰姓八、姓九。"县令大笑曰："人各有姓，何如此？"复令其妇出。

（节选自唐·封演《封氏闻见记》）

注释：

　　①山南：一般指陕西秦岭以南。

　　②县丞：官名，县令的佐官，又称赞府、赞公。

③主簿：官名，县令的佐官，职掌文书等事务，职位略低于县丞。

④遽（jù）：急忙。

【文意疏通】

　　阳伯博在山南某县任县丞，他妻子姓陆，出身名门。县令的夫人姓伍。有一天县令夫人邀请各官夫人聚会，见面之后，县令夫人问县丞夫人姓什么，回答说："姓陆（音近'六'）。"接着又问主簿夫人，回答说："姓漆（音近'七'）。"县令夫人一听勃然大怒，转身回了内室。各位夫人不知发生了什么事便想告辞。县令知道后，立即进去询问，夫人说："县丞老婆说姓陆（六），主簿老婆说姓漆（七），因为我姓伍，她们就故意戏弄我。幸亏我没问其他官员的老婆，如果问，一定说姓八、姓九了。"县令一听就笑起来，说："每个人都有姓，她们没别的意思。"仍叫夫人出来接待众人。

【义理揭示】

　　县令夫人自恃身份，充满优越感，聚会时询问丈夫下属家眷的姓氏，结果一个姓陆（六），一个姓漆（七），这让姓伍的县令夫人觉得自己低人一等，受到了愚弄，因此十分气恼。其实这不过是因为汉字读音相近、相同而产生的巧合而已，生活中的巧合总是充满乐趣。

二 子在，回何敢死

【原文选读】

　　隋侯白①，州举②秀才③，至京。机辩捷④，时莫之比。尝与仆射⑤越国公杨素⑥并马言话。路旁有槐树，憔悴⑦死。素乃曰："侯秀才理道过人，能令此树活否?"曰："能。"素云："何计得活?"曰："取槐树子于树枝上悬着，即当自活。"素云："因何得活?"答曰："可不闻《论语》云：'子在，回何敢死?'"⑧素大笑。

（选自唐·无名氏《启颜录》）

注释：

　　①侯白：字君素，隋朝人，才思敏捷，擅长诙谐有趣的言论。

　　②举：推举。

　　③秀才：隋代最重视的举士科目，指才华优秀者。

　　④机辩捷：为人机敏，辩才出众。

　　⑤仆射：这里指尚书省的长官。仆，主管。古代重武，主射者掌事，故诸官之长称仆射。

　　⑥杨素：字处道，隋朝权臣、诗人，杰出的军事家，封越国公，官至尚书右仆射。

　　⑦憔悴：枯槁瘦弱的样子。

　　⑧"可不"两句：出自《论语·先进》篇："子畏于匡。颜渊后。子曰：'吾以女为死矣。'曰：'子在，回何敢死?'"颜渊名回。

【文意疏通】

　　隋朝的侯白，州府举荐他做秀才，因此来到京师。他为人机敏

善辩，反应敏捷，当时没有人能比得上他。侯白曾经与仆射越国公杨素并排骑着马说话。正好道路旁边有棵槐树，干枯憔悴得快要死了。杨素就说："侯秀才讲话，道理总是超过众人，那你能让这棵树活过来吗？"侯白答："可以。"杨素问："用什么办法让它存活？"侯白说："将槐树子悬挂在树枝上，当即就可以自己活过来。"杨素问："因为什么可以活过来呢？"侯白回答："你没听过《论语》中说：'子在，回（音近'槐'）何敢死'吗？"杨素听了大笑起来。侯白引用的《论语》中的这一章，原意是说孔子周游列国时，被匡地的百姓当作恶人囚禁了起来，颜渊最后才赶来。孔子对颜渊说："我以为你是死了。"颜渊回答孔子说："有老师您在，我怎么敢死呢？"表现的是师徒之间的患难真情。侯白引用时仅取了这句话的表面含义。

【义理揭示】

杨素故意给侯白出了一个他无法完成的难题，让他想办法救活枯死的槐树。侯白引用了《论语》中的典故，巧妙地利用谐音，将"子在，回何敢死"解释成槐树子在的话，槐树就不会死了。足见他确实是机敏善辩，诙谐幽默的人。

三　三郎郎当

【原文选读】

明皇①自蜀还京②，以驼马③载珍玩自随，明皇闻驼马所带铃声，谓黄幡绰④曰："铃声颇似人言语。"幡绰对曰："似言三郎郎当⑤，三郎郎当也。"明皇愧且笑。

（选自宋·罗大经《鹤林玉露》）

注释：

①明皇：指唐玄宗李隆基。

②自蜀还京：安史之乱爆发后，唐玄宗曾逃往四川，安禄山被杀后，又从成都返回长安。

③驼马：骆驼中的一种。

④黄幡绰：唐玄宗、肃宗时的宫廷艺人，擅长演参军戏，滑稽多智，常以幽默言语讽刺皇帝的过失。

⑤郎当：潦倒，颓败。

【文意疏通】

唐代的安史之乱结束后，唐明皇从四川返回京城，路上用驼马装载了不少珍宝玩物跟随自己回京。唐明皇听到驼马系着的铃铛发出声音，对宫廷艺人黄幡绰说："这铃声非常像人说话的声音。"黄幡绰应答说："是啊，好像在说三郎潦倒，三郎潦倒一样。"唐明皇听了非常尴尬惭愧，只好笑着掩饰过去。

【义理揭示】

"三郎郎当"既是对铃声的形象模拟，又调侃了唐明皇的真实处境。黄幡绰同样运用谐音双关，讥笑了唐明皇在安史之乱中的狼狈与咎由自取。

四　野鹰避徭役

【原文选读】

山东二经生^①同官^②，因举郑谷^③诗曰："任是深山更深处，也应无计避王徭。"^④一生难^⑤之曰："野鹰安得王徭？"一生解之曰："古人宁^⑥有失也？是年必当索翎毛耳。"

（选自宋・刘攽《中山诗话》）

注释：

①经生：泛指研治经学的书生。

②同官：在同一官署任职的人，同僚。

③郑谷：唐末诗人。但此处所举诗句不是郑谷所作，而是唐代另外一位诗人杜荀鹤的。

④"任是"两句：出自唐代诗人杜荀鹤的《山中寡妇》，写一位寡妇贫苦不堪，却还要承担繁重的苛捐杂税。无计，没有办法。王徭，朝廷的徭役。

⑤难（nàn）：诘问。

⑥宁：难道。

【文意疏通】

山东两个研究四书五经的书呆子做官后成为同僚，一次谈到杜荀鹤的诗歌"任是深山更深处，也应无计避王徭"。两人没有看过杜荀鹤诗的原文，想当然地将"也应"二字误读为"野鹰"。其中一人发问道："野鹰怎么也需要承担朝廷的徭役呢？"另一人解释说："古人怎么会有错呢？肯定是因为那一年朝廷索要的是野鹰的翎毛。"意思是野鹰因此而害怕，才躲进深山避难的。

【义理揭示】

这个故事讽刺了死守书本的经生丝毫没有怀疑的精神。他们只是听人读诵过《山中寡妇》一诗，就将原诗自以为是地理解为"野鹰无计避王徭"，还牵强附会地为这种误会找到合理性，而不去想想野鹰与"山中寡妇"究竟有何关联。

 五 二胜环

【原文选读】

绍兴①初，杨存中②在建康③，诸军之旗中有双胜交环④，谓之"二胜环"，取两宫⑤北还之意。因得美玉，琢⑥成帽环⑦，以进⑧高庙⑨日常御裹。偶有一伶者在旁，高宗指环示之："此环杨太尉进来，名二胜环。"伶人接奏云："可惜二圣环，且放在脑后。"高宗亦为之改色。此谓"工执艺事以谏⑩"者也。

（选自宋·张端义《贵耳集》）

一说伶人作参军⑪，坐椅上，忽坠幞头⑫，见双环，诘之，答曰："此二胜环。"一人朴⑬其首曰："汝但坐太师椅，乞恩泽，足矣；二圣环且丢脑后可也！"盖以讥桧⑭云。

（选自明·冯梦龙《古今谭概》）

注释：

①绍兴：南宋高宗皇帝赵构的年号（1131—1162）。

②杨存中：字正甫，南宋名将，孔武有力，机敏善射，熟知孙吴兵法。

③建康：即南京，是南宋的行都。

④双胜交环：两个圆形套在一起的一种图案。

⑤两宫：指被金人掳走的北宋徽、钦二帝。

⑥琢：雕琢。

⑦帽环：玉做成的帽子上的装饰品。

⑧进：进献。

⑨高庙：指南宋高宗皇帝。

⑩谏：规劝，谏诤。

⑪参军：角色名。参军戏是流行于唐宋的一种戏剧形式，由两个主要角色，即参军与苍鹘（gǔ）作滑稽的对话与表演。

⑫幞（fú）头：古代的一种头巾。

⑬朴：同"扑"，击，挞。

⑭桧：指秦桧，南宋朝廷内的主和派大臣。

【文意疏通】

金人在北宋的靖康年间南下侵宋，掳走了北宋的徽、钦二帝，史称"靖康之变"，这标志着北宋的灭亡。宋徽宗之子赵构在南京即位，史称南宋。南宋建立后，宋高宗赵构满足于偏安一隅，与朝廷中的主和派大臣秦桧等人无视人民的抗金主张，向金国称臣纳贡，激起了爱国之士的不满。优伶艺人们也通过自己的方式表达对这种不图恢复国土，偏安享乐的态度的批判。绍兴年间，南宋名将杨存中在建康的时候，军旗上有两圆交错的图案，大家都称呼它为"二胜环"，谐音"二圣还"，寄予着希望徽、钦二帝可以早日归国的美好愿望。后来杨存中得到了一块美玉，就雕琢"二胜环"的形状，做成帽上的装饰物进献给高宗皇帝，高宗经常戴着。偶然一次一个艺人在旁边，高宗就把帽上的饰物指给他看，说："这个玉环

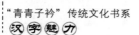

是杨太尉进献的，叫作'二胜环'。"这个艺人接话说："可惜这个'二圣环'是放在脑后的。"艺人一语双关，既实指这个饰物是装饰在脑袋后面的，也指宋高宗根本没有把恢复国土，洗刷国耻放在心上，早就忘记了国仇家恨了。高宗听了脸色都变了。

还有一个说法，演参军戏的时候，一个人扮作参军坐在椅子上，突然头巾掉了下来，露出了两只耳朵上戴的长长的圆环，一直垂到肩前。扮演苍鹘的人问是什么，参军回答说是"二胜环"。苍鹘就击打戴二胜环的参军的脑袋说："你只要端坐在太师椅上，乞求皇帝的恩泽就够了，这二胜环可以抛在脑袋后面。"这里同样使用了谐音与双关，既指二胜环很长，可以放在脑后，也指秦桧等人根本不管徽、钦二帝的死活，只贪图个人的富贵安逸，二圣能否平安回来他们一点也不在乎，极具讽刺意味。

【义理揭示】

优伶以滑稽调笑的方式向君主进言或是讽刺现实在古代有悠久的传统，谐音与双关的使用让这种讽刺表现得更加含蓄委婉，耐人寻味。

六 诗有唐气

【原文选读】

吴下①有举子②作诗，自揭③壁上，乃兄誉之。座客曰："此诗大有唐气④。"一客索梯甚急，众莫解。既得梯，历级而升⑤，以舌舐⑥之，曰："有糖气为何不甜？"客为绝倒。

（选自明·叶盛《水东日记》）

注释：

　　①吴下：泛指吴地。

　　②举子：科举时代被推荐参加考试的读书人。

　　③揭：公布，发表。

　　④唐气：指盛唐气象。

　　⑤历级而升：一级一级地登上台阶。升，登。

　　⑥舐（shì）：用舌头舔。

【文意疏通】

　　江南地区有个读书人写了一首诗，自己认为不错，就在墙壁上张贴发布出来，他的兄长也赞赏他写得好。在座的客人也附和说："这首诗确实有盛唐（谐音"糖"）的气象。"另外一个客人急急忙忙地索要梯子，众人都不知道他想干什么。拿到梯子后，这个人一级级地登上去，用舌头舔舐墙壁上粘贴的诗作，还问到："有糖的味道怎么会不甜呢？"在座的人听了都大笑不已。

【义理揭示】

　　这个故事中的客人不知道"唐气"指的是盛唐气象，是对诗歌的极高赞赏之意，还以为是诗有蜜糖的甜味，结果闹了笑话。故事辛辣地讽刺了不通诗书之人的愚昧无知。

七 七夕无假

【原文选读】

宋时行都①，节序②皆有休假，惟七夕③百司④皆入局⑤，不准假。有时相⑥问堂吏⑦云："七夕不作假，有何典故?"吏应云："七夕古今无假。"时相但唯唯⑧，不知其有所侮⑨也。盖用柳词《二郎神·七夕》云："须知此景，古今无价。"⑩

[选自明·查应光《靳（jìn）史》]

注释:

①行都：在首都之外另设的一个都城，以备必要时政府暂驻。这里指南宋时期的杭州。

②节序：按顺序循环的节令。

③七夕：农历七月初七之夕。民间传说，牛郎织女每年此夜在天河相会。

④百司：百官的总称。

⑤局：官署。

⑥时相：当权的宰相。

⑦堂吏：中书省的办事吏员。

⑧唯唯：应声而不置可否的样子。

⑨侮：戏弄。

⑩"须知"两句：出自柳永的慢词，内容是描绘七夕夜晚的清丽景色。

【文意疏通】

在南宋时期的杭州，每逢节令官员们都会有休假，只有七夕的时候大家还要去官署工作，不可以请假。当时的宰相问手下的办事

官员：“七夕这天不放假，有什么由来吗？”官员回答说：“七夕古今无假（谐音“价”）。”宰相听了不置可否，还不知道被这个官员戏弄了呢。他大概是用了柳永《二郎神·七夕》词里的一句“须知此景，古今无价”来回答的。

【义理揭示】

宰相问七夕不放假的典故，手下官员并不知道真正的原因，但又不想直言，就取了柳永《二郎神·七夕》词中的一句回答。但此“假”非彼“价”，柳永原本赞赏的是七夕景色的无与伦比，跟放不放假毫无关系。结果宰相以为七夕不放假真有来历，又怕自己孤陋寡闻遭人嘲笑，只好装作听懂了。

八　田主见鸡

【原文选读】

一富人有余田数亩，租与张三者种，每亩索鸡一只。张三将鸡藏于背后，田主遂作吟哦之声曰：“此田不与张三种。”张三忙将鸡献出，田主又吟曰：“不与张三却与谁？”张三曰：“初间不与我，后又与我，何也？”田主曰：“初乃无稽之谈①，后乃见机而作②也。”

（选自清·游戏主人《新镌笑林广记》）

注释：

①无稽（jī）之谈：没有根据，无从查考的言谈。稽，考核。

②见机而作：察觉到事物变化的先兆，就抓紧时机行动起来。作，起，动作。

【文意疏通】

　　一个富人有几亩余田，租给张三耕种，除了收取常规的租金、粮食之外，每亩还索取一只鸡。张三把鸡藏在身后，田主以为他没拿鸡来，就发出吟咏的声音说："我的田不给张三种了。"张三赶紧把鸡献出来，田主又吟咏到："不给张三种，还能给谁种呢？"张三说："开始说不给我种，后来又说给我种，这是什么缘故呢？"田主回答："起初是无稽（谐音"鸡"）之谈，后来是见机（谐音"鸡"）而作嘛。"

【义理揭示】

　　这个笑话的巧妙之处就在于谐音双关的使用。田主开始说农田不给张三种，既是没有见到鸡的气话，又是毫无根据的言辞，所以既是"无鸡之谈"，也是"无稽之谈"；后来看到张三献出了鸡，又说要把农田给张三种，既是"见鸡而作"，也是"见机而作"。田主的回答充分暴露了自己的贪心与吝啬。

九　念劾本

【原文选读】

　　辽东①一武职②，素不识字，被论③，使人念劾本④，至"所当革任⑤回卫⑥者也⑦"，痛哭曰："革任回卫也罢了，这'这夜'两个字，怎么当得起！"

（选自明·赵南星《笑赞》）

注释：

　　①辽东：指辽河以东地区。

　　②武职：担任武官职务的人。

　　③论：弹劾。

　　④劾（hé）本：揭发罪行的文书。

　　⑤革任：革职。

　　⑥回卫：回到卫所驻扎。卫，明代军队编制名。

　　⑦者也：句末助词，无实义。

【文意疏通】

　　辽河以东地区有一个武将，向来不识字，被人弹劾，请人念朝廷下达的判决文书，当人念到"应当革职回卫所驻扎"一句时，他痛哭道："把我革职，让我回去戍边也就算了，可让我今夜就回去，这怎么承受得了啊！"

【义理揭示】

　　武将不识字，自然也不懂文绉绉的官话，将毫无意义的"者也"理解成了"这夜"就要动身的意思，所以倍觉为难。这个故事嘲笑了当时一些文化程度较低的武将。

十 心在哪里

【原文选读】

陕右①人呼竹为箸②。一巡抚③系陕人，坐堂④时，谕⑤巡捕官⑥曰："与我取一箸竿来。"巡捕误听以为猪肝也，因而买之，且自忖⑦曰："既用肝，岂得不用心？"于是以盘盛肝，以纸裹心置袖中，进见曰："蒙谕⑧猪肝，已有了。"巡抚笑曰："你那心在哪里？"其人探诸袖中曰："心也在这里。"

（选自明·江盈科《雪涛谐史》）

注释：

①陕右：即陕西，古人以西为右。

②箸（zhù）：本文特指竹子。

③巡抚：官名，明清时巡视各地的军政、民政大臣。

④坐堂：官吏出庭审理案件、处理公务。

⑤谕：告知。

⑥巡捕官：督抚或将军的随从官，分文职武职，职责是宣传与护卫。

⑦自忖（cǔn）：自己思量、揣度。

⑧蒙谕：承蒙您的指示。蒙，敬辞。

【文意疏通】

陕西方言里把"竹"称为"箸"。一位巡抚大人是陕西人，办理公务时告知跑腿的巡捕官说："你去帮我取一个箸竿来。"巡捕官听错了，以为巡抚要吃猪肝，于是上街去买，而且自己揣度："既然喜欢吃猪肝，怎么会不喜欢猪心呢？"于是用盘子装了猪肝，用

纸包着猪心放在袖子里，拜见巡抚说："承蒙您的吩咐，猪肝已经有了。"巡抚发现他会错了意，就笑话他说："你的心在哪里呀？"意思是巡捕官做事不用心，没理解自己的意思。结果巡捕官以为巡抚问的是猪心，赶紧从袖子里把它拿出来说："心也在这里。"

【义理揭示】

由于方言不通用以及汉字含义的丰富性，巡捕官两次误解了巡抚的意思，引出了令人捧腹的笑话。这种字音字义导致的趣事，直到今天都层出不穷。

十一　必定高中

【原文选读】

宋太学①各斋②除夕设祭品，用枣子、荔枝、蓼花③，取"早离了"之意。南都④乡试⑤前一日，居亭主人⑥必煮蹄为饷⑦，取"熟题"之意。又无锡呼"中"字如"粽"音。凡大试，亲友则赠笔及定胜糕、米粽各一盒，祝曰："笔定糕粽。"又宗师⑧岁考⑨前一日，祷于关圣⑩者，必置笔与锭等子⑪于神前，取"必定一等"之意。

（选自清·褚人获《坚瓠集》）

注释：

①太学：古代设于京城的最高学府。

②斋：学舍。

③蓼（liǎo）花：一种用糯米、芝麻、麦芽等制成的点心。

④南都：指南京。

⑤乡试：古代科举考试的第一关，按规定每三年一科。

⑥居亭主人：居亭指栖止、歇足之处。居亭主人是对房东的雅称。

⑦饷：馈食于人。

⑧宗师：明清时对提督学道、提督学政的尊称。

⑨岁考：明代提学官和清代学政每年对所属府、州、县生员、廪生举行的考试，分别优劣，酌定赏罚。凡府、州、县的生员、增生、廪生皆须应岁考。

⑩关圣：指关羽，是中国的武圣，与"文圣"孔子齐名。

⑪等子：称小量东西的衡器。

【文意疏通】

宋朝时，太学的各个学舍在除夕那天都会摆设祭品，学生们摆上枣子、荔枝、蓼花，是取谐音"早离了"的意思，希望可以早日脱离清贫的太学，出去做官。在明朝，每逢三年一次的乡试到来，江南的学子们都会聚集到南京参加考试，不少人都租赁房屋居住。开考前一天，房东必定会烹煮猪蹄作为饭食馈赠学子，谐音"熟题"，希望考生们在考场上能碰到自己得心应手的题目，一举高中。在无锡方言中，"中"（音 zhòng）字的发音与"粽"是一样的。凡是科举考试前，亲朋好友都会赠送考生毛笔，以及定胜糕、米粽各一盒，祝福考生"笔定糕粽"，谐音"必定高中"。科举考试时代，已经考中秀才的读书人每年都必须要接受当地学官的考核测试，合格的人才能继续保有秀才的身份、名号，因此大家都非常重视。在岁考的前一天，大家都会去关圣面前祈祷，还会把毛笔、校准一锭银子的工具——等子都摆在神灵面前，也是取谐音"必定一等"的意思。

【义理揭示】

寒窗苦读的学子们最希望顺利通过考试，考取功名，所以能引发相关联想的事物都被拿来祭祀祈祷了。通过谐音，许多吉祥美好的寓意可以灵活地用具体的实物呈现出来，使原本空洞的祝福和盼望有了真实的依托。

常敬宇先生的《汉语词汇文化》一书中有专节介绍谐音与文化的关系。他这样定义"谐音"：所谓谐音，是指利用汉语词语的音同或音近的特点，由一个词语联想到另外一个词语，是一种同音借代的关系。"谐音取义"就是由一个词语联想到与其音同或音近的另外一个词语的语义，而且后者的语义是主要的交际义。他还认为谐音取义是汉语的一种修辞方式，也是汉族民俗文化的一个重要特点。由于汉字中存在大量读音相近或相同的现象，为谐音取义提供了有利的条件。谐音取义不仅常出现在言语交际或文艺作品中，也经常出现在非言语交际中；不仅常出现在日常生活中，也经常出现在各种民俗民间艺术中。这种谐音取义的语音形式，反映了汉民族的求吉利、避凶邪，重含蓄、忌直言的文化心态。

从以上常敬宇先生的介绍中，我们不难看出，有意识地利用汉字中的谐音字来为表情达意服务是一直以来的传统。无论是才子文人还是普通百姓，无论是有庄重严肃的目的还是出于调笑戏谑的需要，谐音字作为一种修辞方式都得到了广泛的使用。

　　谐音字是节庆习俗中表达美好祝愿的重要形式。本章中"必定高中"一节就反映了科举时代，读书人利用谐音字祈求学业顺利的心愿。即便在今天，我们的习俗中还保留着大量谐音文化，比如不小心打碎了家里的杯碟，总要念叨一句"岁岁（谐音"碎"）平安"，新婚夫妇的床上往往被撒满了红枣、花生、桂圆、莲子，谐音"早生贵子"等等。此外，一些常见的吉祥物品也约定俗成地与谐音关联在一起。比如年画上经常出现的鲶鱼，寓意"年年有余"，金鱼寓意"金玉满堂"，都是借助了谐音才实现的。

　　谐音有时能产生双关的效果，在字面含义与实际含义都能成立的情况下，说话人往往指向的是暗含的实际含义。这既能表现说话人的幽默感，又能达到委婉讽刺或批判的目的，比如本章中的"三郎郎当""二胜环"的故事均是如此。在中国古代，擅长幽默滑稽表演的艺人往往就通过这种方式向君主进言，在保全对方颜面的情况下传达出个人的想法，态度温和又一针见血。

　　谐音现象还是笑话中矛盾、误会的重要来源，笑料往往就在对同音近音字的错误联想中产生了。比如本章中的"大小姓氏""野鹰避徭役""诗有唐气""念劾本""心在哪里"这几个故事，都是由于听话人没能理解对方的真正意图引起的。从中我们也可以看出，文化程度的高低，方言的差异性以及个人的修养素质的不同都会引发谐音的误会。而在有些时候，这种由谐音引起的误会却是有意为之的，目的就是要利用语音的近似使毫无关系的事物产生关联。这是一种充满趣味的表达方式，也能表现使用者机敏幽默的一面，比如本章中的"子在，回何敢死"与"七夕无假"两个故事中的问答都反映了这一点。

　　此外，谐音在诗词、谜语、对联中也得到了充分的利用，展现

了作者的语言表达技巧，也使作品更加耐人寻味。比如刘禹锡的《竹枝词》中"东边日出西边雨，道是无晴却有晴"（谐音"情"），酒店的招牌上写着"贾岛醉来非假倒，刘伶饮尽不留零"，谐音字的使用都让语意的表达更加传神有趣，令人印象深刻。

只有对汉字的语音特性以及中国的文化传统、民族心理、风俗习惯都有相当的了解，才能比较全面地理解汉语中的谐音现象。

谐音字的幽默效应以及含蓄批判作用一直在日常生活中延续着。从以下的小故事中，我们既能看到使用者的聪明机智，也能发现谐音之中隐藏的讽刺、调侃意味，或是轻松幽默的生活智慧。这与前文收录的古代谐音故事在文化精神上是一脉相承的。

（一）

1940 年，汉奸汪精卫投敌卖国，在日本的扶持下成立了南京伪国民政府，自己出任政府主席。为了伪造万民同贺的假象，当时汪精卫任命的南京市警察厅厅长申省三到处找名人索要庆贺祝词。一天，申省三赶到灵谷寺，强迫当时书写楹联很有名气的灵谷老人写一副贺联。万般无奈之下，灵谷老人只好动笔写下：

昔有盖世之德

今有罕见之才

在汪精卫的就职典礼上，申省三将各方的庆贺祝词全部陈列出来，前来观礼的宾客都赞不绝口，汪精卫也十分高兴，申省三更是觉得自己立了大功，洋洋得意。忽然有人指着署名灵谷老人的对联惊呼道："不对，这副对联不是道贺的，内藏辱骂之词。"申省三一听，急忙喝止大声叫嚷的宾客，质问他为何胡言乱语。

宾客解释到："'盖世'与'该死'谐音，'罕见'与'汉奸'谐音。不是辱骂又是什么？"申省三急忙撤掉了这副对联，汪精卫也顿时觉得颜面无光。

（二）

刘师亮是四川著名的才子，他生活在民国时期，经常借助对联、诗歌等形式抨击嘲讽军阀的黑暗统治，为百姓伸张正义，至今还有许多关于他的逸闻趣事流传。在他所写的对联里，有一副短小的四字对联，用来揭露当时赋税沉重，百姓困苦不堪的生活情状：

民国万税

天下太贫

当时的统治者只会空喊"民国万岁""天下太平"的口号装点门面，根本不关心民生。刘师亮以牙还牙，用近音字"税""贫"替换掉"岁""平"，辛辣地揭露了国民政府伪装的"天下太平"的表象下是怎样民不堪命的现实图景，给予他们有力的回击。

这副短联自产生之后就广为流传，备受人们称赞。

（三）

一位官员为树立自己爱民、亲民的形象，坐着高档小轿车下乡扶贫。到了乡间，道路窄小，不方便通过，司机请示官员如果遇到会车该如何是好，官员答道："当然是公务要紧，百姓应该体谅。"

话音未落，就看到前方有位老人推着装满柴草的独轮车吃力地走过来，烈日下老人已是气喘吁吁，满头大汗。司机无奈，只好下车请老人让路。老人看了一眼车上坐着的大腹便便的官员，问道："为啥要我让道，你们不能让吗？"司机回答说："我们是小车。"

老人指了指自己的独轮车回敬道："我的也是小车！"司机又说："我们的车是首长的车，你没法比。"老人伸出自己一只手晃了晃说："我的也是手掌车。"司机有些生气了，觉得这个老人在胡搅蛮缠，就提高嗓门说道："首长的车是小轿车。"老人不怒反笑，说道："我的车也是小叫车，不信你听。"说着就推起独轮车自顾自往前走，只听车子果然发出"嘎吱嘎吱"的声音。

　　车上的官员见老人性格耿直，自觉无趣，让司机倒车避让，请老人先行了。

　　1. 你能为"文化传递"版块里的小故事分分类吗？说说你的分类依据，看看它们与前文收录的哪些古代故事属于同一类型？

　　2. 本章的内容与前面哪一章是存在着紧密的关联性的？这种关联性表现在哪些方面？

　　3. 你能从自己接触到的民俗文化现象中，找两个利用了谐音的例子吗？

第七章　避讳之礼

文化典籍

一　灵宝自达

【原文选读】

　　桓南郡①被召作太子洗马②，船泊荻渚③，王大④服散⑤后已小醉，往看桓。桓为设酒⑥，不能冷饮⑦，频语左右："令温酒来！"桓乃流涕呜咽，王便欲去。桓以手巾掩泪，因谓王曰："犯我家讳⑧，何预⑨卿事？"王叹曰："灵宝故自达⑩。"

（选自南朝宋·刘义庆《世说新语》）

注释：

　　①桓南郡：即桓玄，又名灵宝，东晋人，大司马桓温之子，曾谋反称帝。

　　②太子洗（xiǎn）马：官名，太子属官，在晋代为东宫职掌图籍。

　　③荻渚：地名，在荆州附近。

　　④王大：指王忱，小字佛大，东晋名士，不拘小节，好饮酒。

⑤服散：指服用药品五石散，魏晋人笃信方术，服食五石散养生。

⑥设酒：摆设酒席。

⑦不能冷饮：不能喝冷酒。

⑧家讳：对父亲、祖父名字的避忌。桓玄父亲名"温"，王忱犯讳提及。

⑨预：关系。

⑩自达：自身旷达。

【文意疏通】

东晋的桓玄被召还被任命为太子洗马，船停泊在荻渚，王忱服用了五石散后已经有了醉意，去探望桓玄，桓玄准备好酒席招待他。王忱服药后，浑身发热，不能再喝冷酒，否则就违背药性。他连连催促身边的仆人去把酒温热。桓玄听到他说了"温"字，犯了自己父亲的名讳，就痛哭流涕起来。王忱酒也醒了，知道自己失态，说了不该说的话，就想要赶紧离开。桓玄用手巾掩住眼泪挽留他说："犯了我的家讳，我哭我的，又跟你有什么关系呢？"王忱感叹说："桓玄真是一个旷达的人。"

【义理揭示】

在晋代，听到尊长的名讳被提及，晚辈依据礼节是要大哭以示伤痛的，所以桓玄才会痛哭不已。王忱上门做客却触犯主人家讳，是非常失礼的行为。桓玄不追究怪罪，反而挽留安抚，因此王忱对他非常佩服。

二 王绚以讳诘外祖

【原文选读】

绚①字长素，早惠。年五六岁，读《论语》至"周监于二代"②，外祖父何尚之③戏④之曰："可改耶耶⑤乎文哉?"绚应声答曰："尊者之名，安可戏，宁可道'草翁之风必舅'⑥?"

（选自《南史·王绚传》）

注释：

①绚：指王绚，王彧（yù）（字景文，是南朝宋的重臣）长子。由晋入南朝宋，少聪慧，笃志好学。

②周监于二代：语出《论语·八佾》"周监于二代，郁郁乎文哉！吾从周。"意思是周代借鉴夏商两代的礼仪制度，多么丰富多彩啊！我拥护周代的制度。这是孔子对周代文明昌盛的称颂之辞。监：借鉴。二代：指夏商两代。郁郁：丰富、繁盛。

③何尚之：字彦德，南朝宋时曾任侍中、尚书令等职。

④戏：开玩笑。

⑤耶耶：父亲，南朝俗称父为"耶"。

⑥草翁之风必舅：语出《论语·颜渊》"君子之德，风；小人之德，草。草上之风，必偃。"意思是君子的德行，好比是风；小人的德行，好比是草。风吹到草上，草就跟着倒。偃（yǎn），扑倒。这句话中"上"字犯何尚之名讳，"偃"字犯何尚之之子，即王绚舅舅何偃名讳。

【文意疏通】

南朝宋的王绚字长素，从小就非常聪明，年纪才五六岁的时

候，读《论语》到"周监于二代"这句，接下来一句应该是"郁郁乎文哉"。他的外祖父何尚之故意跟他开玩笑说："这句话是不是应该改成'耶耶乎文哉'？"因为王绚的父亲叫王彧，理应避讳才对。王绚应声回答："尊长的名字怎么可以拿来开玩笑呢，宁可改成'草翁之风必舅'。"《论语》里有"草上之风必偃"这一句，其中的"上"字、"偃"字正好与何尚之以及王绚舅舅何偃的名字同音，按理也应该避外祖父与舅舅的名讳，因此王绚以同样的方式来反问外祖父，以示不满。

【义理揭示】

王绚认为避讳尊长的名字是出于敬重与孝心，容不得轻慢与玩笑，因此对外祖父的戏弄态度十分不满，这才反言相讥，让何尚之也体会到了被人冒犯的滋味。

三 州官放火

【原文选读】

田登作郡①，自讳②其名，触者③必怒，吏卒多被榜笞④，于是举州皆谓⑤灯为"火"。值上元⑥放灯，许人入州治⑦游观，吏人遂书榜揭⑧于市曰："本州依例⑨放火三日"。

（选自宋·陆游《老学庵笔记》）

注释：

　①作郡：做了州的长官。

②讳：避讳。

③触者：触犯的人。

④榜（bēng）笞（chī）：用鞭子或板子打。

⑤谓：称呼。

⑥上元：农历正月十五，也就是现在的元宵节。

⑦州治：旧时一州最高行政长官的官署。

⑧书榜揭：写布告张贴。揭，张贴。

⑨依例：按照旧例。

【文意疏通】

宋朝年间，一个叫田登的人做了州太守。因为他的名字里有"登"字，因此禁止州内的百姓在言谈或书写时用到这个字以及这个字的同音字。如果需要用到"登"字或它的同音字的，就要用其他的字来代替。如果有谁触犯了他的忌讳，就会被处罚，甚至被打板子或者遭到鞭刑。因此全州的人都把"灯"称呼为"火"，不敢直呼其名。恰逢元宵节到来，按规矩节日期间要燃放焰火，并且点花灯庆祝，也允许远近的百姓们到州府来观赏。州里的官吏需要贴出告示告知百姓，又不敢触犯太守的名讳，只好写"本州根据惯例放火三天"。百姓看到告示都惊慌不已，外地的客人更是不知道其中缘由，大家纷纷收拾行李，想要离开这座马上要放火的城市。这就是"只许州官放火，不许百姓点灯"这个俗语的由来。

【义理揭示】

官讳是对各级官员的名字进行避讳，一般用于官场的上下级之间。像田登这样强令辖区内的百姓为他避讳，是非常蛮横的要求。

因此，"只许州官放火，不许百姓点灯"现在用来形容不仁德的统治者自己胡作非为，却限制百姓的正当活动。

四　唐人避讳

【原文选读】

　　唐人避家讳甚严，固有出于礼律之外者。李贺①应②进士举，忌之者斥③其父名晋肃，以晋与进字同音，贺遂不敢试。韩文公④作《讳辩》，论之至切⑤，不能解众惑也。《旧唐史》至谓韩公此文，为文章之纰缪⑥者，则一时横议⑦可知矣。

　　裴德融⑧讳"皋"，高锴⑨以礼部侍郎⑩典⑪贡举⑫，德融入试，锴曰："伊讳'皋'，向某下就试，与及第⑬，困一生事。"后除⑭屯田员外郎⑮，与同除郎官一人同参⑯右丞⑰卢简求⑱。到宅，卢先屈⑲前一人入，前人启云："某与新除屯田裴员外同祇候⑳。"卢使驱使官传语曰："员外是何人下及第？偶有事，不得奉见㉑。"裴苍遽㉒出门去。观此事，尤为乖剌㉓。锴、简求皆当世名流，而所见如此。

（选自南宋·洪迈《容斋随笔》）

注释：

　　①李贺：字长吉，唐著名诗人，有"鬼才"之称。

　　②应（yìng）：参加。

　　③斥：指出。

　　④韩文公：即韩愈，唐代著名文学家，古文运动倡导者，谥号为文，后世

称"韩文公"。

⑤切：恳切率直。

⑥纰（pī）缪（miù）：荒谬。

⑦横议：恣纵的言论。

⑧裴德融：唐文宗时期进士。

⑨高锴：唐代元和年间进士，曾担任礼部侍郎，多次主持科举考试。

⑩礼部侍郎：官名，礼部副长官，佐"尚书"管理部务。

⑪典：主持。

⑫贡举：科举考试。

⑬与及第：让他通过考试。

⑭除：授官。

⑮屯田员外郎：官名，掌天下屯田之政令，但有名无实。

⑯参：下级官员进见上级。

⑰右丞：指尚书右丞，官名，协助掌管钱谷之事。

⑱卢简求：字子臧，唐穆宗时期进士，唐文宗时期任刺史、观察使等职。

⑲屈：请。

⑳祗（zhī）候：恭敬地问候。

㉑奉见：会见、见面的敬辞。

㉒苍遽（jù）：仓促。

㉓乖（guāi）刺（là）：不合情理。

【文意疏通】

　　唐代人避父母、尊长之讳非常严格，避讳有时甚至超出了礼法之外的要求。比如唐代著名诗人李贺，才华过人，他去参加科举考试，嫉妒他的人说李贺的父亲名晋肃，"晋"与"进士"之"进"同音，李贺去考进士就是不孝，因此李贺迫于非议就不敢去了。韩

愈曾写过一篇名为《讳辩》的文章为李贺鸣不平，里面的议论恳切率直，但仍然不能解除众人的疑惑。《旧唐书》中批评韩愈的这篇《讳辩》在文章中是很荒谬的，当时世人对避讳这件事的态度就可想而知了。

　　唐文宗时有个叫裴德融的，他的家讳是"皋"字，与"高"同音。当时高锴以礼部侍郎的身份主持科举考试，裴德融参加了。高锴对人说："他的家讳是'皋'字，在我的门下参加考试，如果让他通过了，就会是困扰他一生的事。"后来裴德融还是中了进士，被任命为屯田员外郎。他跟同时被任命的一个郎官，一起去拜见上司尚书右丞卢简求。到了卢宅，卢简求先请那个郎官进去，郎官报告说："我是与新任命的屯田员外郎一起来问候您的。"卢简求知道裴德融的家讳是"皋"字，也知道他是在高锴的门下考中进士，认为他不合避讳之礼，不愿意见他，就让通传的小吏告诉他说："员外郎是在谁的门下考中进士的呢？我有点小事情，不方便接待你了。"卢简求通过这种方式表达了自己对裴德融不避家讳的不满，拒不接见他。裴德融觉得非常尴尬狼狈，仓皇离开了。这些事情都非常不合情理，高锴、卢简求也都算当时的名流了，他们的见识却如此浅薄。

【义理揭示】

　　唐代人对避讳之事过分讲究，因此发生了许多不近人情的怪事。洪迈对这种苛求形式，死守礼法，不惜牺牲他人前途、命运的荒谬做法深感不满，因此在文中进行了批判。

五 讳父名

【原文选读】

袁德师①，给事中②高之子。九日出糕啖③客，袁独凄然不食。

北齐刘臻性好啖蚬④，以音同父讳，呼为扁螺。

范晔⑤以父名泰，不拜⑥太子詹事⑦。

吕希纯⑧以父名公著，辞著作郎⑨。

刘温叟⑩父名岳，终身不听乐，不游嵩、华⑪。

徐积⑫父名石，平生不用石器，不践石。遇石桥，使人负之而趋。

（选自明·冯梦龙《古今谭概》）

注释：

①袁德师：晚唐人，父亲是德宗时期的给事中袁高。

②给事中：官名，职掌进谏建言，监察六部之违误，职权颇重。

③啖（dàn）：这里指让客人吃。

④蚬（xiǎn）：贝壳类的一种，可食。

⑤范晔：南朝宋史学家、散文家。

⑥拜：接受官职。

⑦太子詹事：官职名，职责比拟尚书令、领军将军。

⑧吕希纯：字子进，生活于宋朝元祐年间。

⑨著作郎：官名，属中书省，职责是编修国史。

⑩刘温叟：字永龄，宋代人，善书法，是宋朝初年的名士。

⑪嵩（sōng）、华：指嵩山、华山。

⑫徐积：字仲车，宋朝人，以孝行闻名。

【文意疏通】

晚唐的袁德师，是给事中袁高的儿子。重阳节那天，按习俗要宴请客人吃糕点，只有他一个人满脸悲伤不肯吃。北齐的刘臻，生性喜欢吃蚬肉，但因为"蚬"字发音与家讳相同，他就称呼蚬为"扁螺"。南朝宋著名的史学家范晔，因为父亲的名字叫范泰，就不接受太子詹事的官职，因为"太"字犯了家讳。宋朝的吕希纯因为父亲叫吕公著，就拒不接受著作郎的职务。刘温叟的父亲叫刘岳，他就终身不听音乐，不去游览嵩山、华山。徐积的父亲名字叫徐石，他一生都不使用石制的工具，不踩踏石头。如果遇到石桥，就让人背着他快速走过。

【义理揭示】

唐宋时期避家讳非常严苛，不少读书人将避讳看作是孝行德义的重要表现，因此死守不渝，甚至到了不近人情的地步。如刘温叟、徐积的做法就过于偏执迂腐，难免遭人诟病了。

六　石昂解官

【原文选读】

五代有石昂①者，读书好学，不求仕进。节度使②符习高其行，召为临淄令。习入朝，监军③杨彦朗知④留后。昂以公事上谒⑤，赞者⑥以彦朗家讳石，遂更其姓曰右昂。昂趋于庭，责彦朗曰："内侍⑦奈何以私害公？昂姓石，非右也。"彦朗大怒，昂即解官⑧去。

语其子曰："吾本不欲仕乱世，果为刑人⑨所辱。"

（选自南宋·周密《齐东野语》）

注释：

　　①石昂：五代时期藏书家，不求仕进，性刚直，不附权贵。

　　②节度使：官名，唐代开始设立的地方军政长官。

　　③监军：官名，监督军队的官员。

　　④知：主持，执掌。

　　⑤谒（yè）：拜见。

　　⑥赞者：这里是通传消息的小官吏。

　　⑦内侍：官名，掌管宫廷内部事物，多为宦官充当。

　　⑧解官：辞官。

　　⑨刑人：这里指宦官。

【文意疏通】

　　五代时，有个叫石昂的人，他读书好学，不追求做官。节度使符习佩服他的品行为人，征召他做了临淄令。后来符习被调回朝廷任职，监军宦官杨彦朗留下来主管当地军政大事。石昂有公事要向他禀报，通传的人因为知道杨彦朗的家讳是"石"字，所以在禀告时就更改石昂的姓氏说是"右昂"求见。石昂被人这样改了姓氏，来迎合一个宦官，觉得受到侮辱，他快步走到庭中，责备杨彦朗说："内侍怎么可以因为私人小事而妨碍公义呢？我姓石，不姓右。"杨彦朗受了他的指责，还被冒犯了家讳，非常生气。于是石昂就辞官离开了，对儿子说："我本来就不想在战乱的世道里做官，现在果然被宦官羞辱了。"

【义理揭示】

古人避讳时除了像前面提到的可以用音近字替代外，也可以用形近字替代，书写时也可缺笔。避讳的目的是表示对尊长的敬意或孝道，石昂觉得为宦官避家讳而被迫改变自己姓氏是非常羞耻的事情，因此愤然辞官了。

七 身死方休

【原文选读】

宣和①中，徐申干臣②，自讳其名，知常州，一邑宰③白事，言"已三状④申⑤府，未施行"。徐怒形于色，责之曰："君为县宰，岂不知长吏名，乃作意⑥相侮。"宰亦好犯上者，即大声曰："今此事'申'府不报，便当'申'监司⑦，否则'申'户部⑧，'申'台⑨，'申'省⑩，'申'来'申'去，直待'身'死即休。"语罢，长揖⑪而退。徐虽怒，然无以罪之。

（选自南宋·周密《齐东野语》）

注释：

①宣和：宋徽宗赵佶年号（1119—1125）。

②徐申干臣：姓徐，名申，字干臣。

③邑宰：县令。

④状：诉状。

⑤申：申报。

⑥作意：故意。

⑦监司：负责监察的官员。

⑧户部：官署名，管理田赋、关税、厘金、公债、货币及银行等。

⑨台：指御史台。

⑩省：尚书省，中央最高政府机构之一。

⑪长揖（yī）：一种礼节形式，拱手高举，处上而下。

【文意疏通】

宋徽宗宣和年间，有个叫徐申的官员，字干臣，自恃身份矜贵，要求下属避讳自己的名字。他主管常州府期间，一个县令向他禀告政事，提到"已经写过三份诉状申报州府了，但一直没有施行"。徐申听到后满脸怒气，责怪他说："你作为一县之长，难道不知道长官的名字吗！竟然敢故意冒犯侮辱。"恰好这个县令也是个不怕得罪领导的人，就大声回敬他说："今天这件事如果'申'报到州府里不向上呈送，我就要'申'报到监察官员那里去，再不行就'申'报到户部，'申'报到御史台，'申'报到尚书省。一直'申'报下去，一直到我身死才罢休！"说完就行礼告退了。徐申虽然愤怒，却没有理由治他的罪。

【义理揭示】

避讳上级官员的名字并不是礼法的要求，而是徐申为了显示个人的尊贵身份自己制定的。他强迫下级官吏遵守，因此遭到耿直下属的激烈反对，故意在一句话中反复提到他的名讳，以示不满。

八 讳名媚上

【原文选读】

蔡京在相位日，权势甚盛，内外官司①公移②皆避其名，如"京东"、"京西"并改为"畿③左"、"畿右"之类。蔡门下昂④避之尤谨⑤，并禁其家人，犯者有笞责⑥。昂尝自误及之，家人以为言，乃举手自击其口。蔡经国闻京闽音，称"京"为"经"，乃奏乞改名"纯臣"。此尤可笑。

（选自南宋·周密《齐东野语》）

注释：

①内外官司：中央及地方政府的各级主管部门。

②公移：对不相统属的官署间的公文的总称。

③畿（jī）：多指京城管辖的地区。

④昂：指薛昂，字肇明，宋徽宗时任门下侍郎，因谄媚蔡京尤为奴颜婢膝而受重用。

⑤谨：谨严，谨慎。

⑥笞责：古代的一种刑罚，用荆条或竹板敲打臀、腿或背，为五刑之一。

【文意疏通】

蔡京在宋徽宗时期任宰相，权势很大，从中央到地方的各级政府在公文中都避讳称呼他的名字，比如"京东""京西"两地就改称为"畿左""畿右"，意思并没有变化，都是指京城内的辖区，但就是要避用"京"字。蔡京手下有个叫薛昂的人尤其谄媚，避忌蔡京的名字非常谨慎，甚至禁止家人用这个字，有冒犯的人就要受

笞刑。薛昂曾经自己口误用到了"京"字，家人告诉他犯忌了，他就举手自己打自己嘴巴。还有一个叫蔡经国的，听闻蔡京是福建口音，是把"京"读作"经"的，他就上奏乞求改名为"纯臣"，不敢再用"经"这个字了。这件事特别可笑。

【义理揭示】

蔡京权势滔天，所以各级官员都自觉地避忌他的名字，以免得罪宰相。至于像薛昂、蔡经国之类，则通过严苛避讳的方式以示谄媚和讨好，以求得到重用。这已经超出了礼法的要求，完全是为了个人的私欲，因此遭到嘲笑。

九 民间讳俗

【原文选读】

民间俗讳，各处有之，而吴中①为甚。如舟行讳"住"讳"翻"，以箸②为"快儿"，幡布为"抹布"。讳"离""散"，以梨为"圆果"、伞为"竖笠"。讳"狼藉"，以郎槌为"兴哥"。讳"恼躁"，以谢灶③为"谢欢喜"。此皆俚俗④可笑处。今士大夫亦有犯俗称"快儿"者。

（选自明·陆容《菽园杂记》）

注释：

①吴中：今江苏吴县一带。

②箸（zhù）：筷子。

③谢灶：年俗之一，传说腊月二十三日晚上，灶君要上天向玉皇大帝述职。他忙碌了一整年，保佑各家各户灶火不断，饮食平安，人们为了表示感谢，给他饯行，叫作谢灶。

④俚（lǐ）俗：粗俗，不高雅。

【文意疏通】

老百姓在日常的语言交流中也有许多约定俗成的避讳字眼，各个地方都有，而且因为方言和习俗的不同各地还不一样。江苏吴县一带特别讲究避讳，比如江南多水，坐船的时候避讳说"住"说"翻"，所以称呼箸为"快儿"，称呼幡布为"抹布"，以免遭受危险。还避讳说"离""散"，这两个字意味着家庭有可能遭遇不幸，所以称呼梨子为"圆果"，称呼伞为"竖笠"。还忌讳"狼藉"，这个词跟名声不好、处境困厄等联系在一起，所以称呼郎槌为"兴哥"。还忌讳"恼躁"，这意味着生活中事事不顺心、不如意，所以将谢灶称为"谢欢喜"。这些都是粗俗可笑的。如今读书做官的人也有落入俗套的，把箸称为"快儿"。

【义理揭示】

古代的读书人对民间的这些约定俗成的避讳规矩抱有偏见，认为是粗俗可笑的。但我们也要看到其中有价值的部分。这些避讳习俗代表了百姓们趋吉避灾的愿望以及对语言的敬畏，一些内容直至今日还保留在我们的生活中，构成了民俗文化的一部分。

十 癞鼋称冤

【原文选读】

　　国初①，大江之岸常崩②，人言下有猪龙婆③也，一时恐犯国姓④之音，对上只言下有鼋⑤也。太祖⑥恶与"元"同音，令捕殆尽。时亦有"癞鼋癞鼋，何不称冤"之说。

（选自明·郎瑛《七修类稿》）

注释：

　　①国初：指明朝初年。

　　②崩：崩塌，崩坏。

　　③猪龙婆：古时候对扬子鳄的称呼。

　　④国姓：指帝王的姓氏，这里指明朝皇帝朱元璋的"朱"字。

　　⑤鼋（yuán）：大鳖，俗称癞头鼋。

　　⑥太祖：指明朝开国皇帝朱元璋。

【文意疏通】

　　明朝初年，长江的江岸常常崩塌，容易造成水灾。有人说这是因为江岸下面有猪龙婆挖洞，把江岸挖空了导致的。治理水患的官员想把这件事上报给皇帝，又害怕"猪"与"朱"同音，提及猪龙婆时必然会称呼皇帝的姓氏，犯了忌讳，这可是大不敬之罪。只好对皇帝说是江里的大鼋挖洞导致的，不提猪龙婆。朱元璋听到"鼋"与他推翻的那个元朝的"元"同音，就非常厌恶，下令把江中的大鼋全部捕杀干净。当时有民谣就说："癞头鼋啊癞头鼋，你为何不喊冤？"

【义理揭示】

在帝制时代，皇帝的名字属于国讳，全国人在读写时遇到都需要避忌，需要使用时就用意思或读音相近的其他字来替代。但猪龙婆是专称，当时也没有其他的叫法，而且如果说猪龙婆为害，似乎有暗指皇帝不祥的嫌疑，官员们只好用其他动物来替代。死守尊卑等级，限制部分汉字的使用，势必会给生活带来不便。

文化倾听

陈垣先生在《史讳举例·序》中说："民国以前，凡文字上不得直书当代君主或所尊之名，必须以其他方法以避之，是谓之避讳。避讳为中国特有之风俗，其俗起于周，成于秦，盛于唐、宋，其历史垂两千年。"《辞源》中这样解释"避讳"的含义："古人在言谈和书写时要避免君父尊亲的名字。对孔子及帝王之名，众所共讳，称公讳；人子避祖、父之名，称家讳。避讳之法，一般或取同义或同音字以代本字，或用原字而省缺笔画。"从以上对避讳的基本介绍中，我们可以了解到避讳早在先秦就已出现，直到民国才逐渐消失，几乎贯穿了中国的整个封建时代，形成了独具特色的避讳文化。其时间跨度之长，影响之大，在世界各国文化历史中堪称罕见。

避讳之所以会产生，是因为古人相信人的名字绝不仅仅是符号或代称，而是与人的生命、灵魂之间有着密不可分的联系。如果名字遭到邪恶的鬼怪或巫师的侵犯，相应地就会对人的生命健康造成损害。为了保护某些人的健康与安全，尽量避免称呼他的名字可以使他减小遭受损害的风险。此外，对于那些不好的事物，称呼它们的名字就有可能把它们招来，使自己遭受不幸，因此也需要避免提及。根据不同的避讳动机，前者我们往往称为敬讳，后者称为恶讳。本章收录的避国讳、家讳、官讳的故事，都属于避敬讳，"民间讳俗"这一篇显然属于避恶讳。

古人在避讳时讲究讳名不讳姓的原则，因为姓是大家共有的，而名才是个人独有的。只有帝王的姓氏无比尊贵，才需要特别避讳。如本章"癞鼋称冤"的故事，就是因为要避忌明朝皇帝的姓氏——朱，才导致癞鼋遭受了无妄之灾。古人避讳主要是避忌帝王及皇亲国戚、圣贤、上级长官、自己及他人祖辈父辈的本名。其中避忌帝王与皇亲国戚的名字，往往是全国统一颁行的律法，执行力度也最为严苛，如有违反，甚至会招来杀身之祸。统治者利用避讳的方式强化皇权的权威，将自己凌驾于百姓之上，目的是突显身份的尊贵不可侵犯。避忌长官名讳往往不是强制的规定，一般是下级官员自觉遵守的习惯，目的在于表现对上级官员的尊敬与服从。正因为官讳不存在强制性，因此当上级官员强迫辖区内的下级官吏或普通百姓必须避讳自己的名字时，就会遭到反抗或者批评。比如本章中"州官放火""石昂解官""身死方休"的故事都体现了这一点。而当下级官吏为献媚要宠而恪守官讳时，也会被人讥笑嘲讽，如本章中"讳名媚上"的故事就是如此。古人有"入门则问讳"的礼仪，意思是在与人交往之前要先了解清楚对方祖、父辈的名讳，以免无意中提及会冒犯对方。家讳在唐、宋时期最为严格，人们不得不恪守习俗以免遭到他人的批评，影响声誉，有时会出现因避讳而影响了正常生活秩序的事。这一点在本章中"唐人避讳"

"讳父名"两则材料中都有清楚的反映。

从语言文字的角度来看，避讳不仅要避本字，连同音字也要避讳，这就导致避讳的范围很大，势必影响到正常的表达需要。为了能在清楚地表达意义的同时，又避开不能使用的字，古人想尽了办法。常见的避讳方式有：替换成同义字或近音字，增添或替换偏旁部首，减损本字的笔画。这些避讳方式充分利用了汉字在音、形、义方面的特色，尽量保留本字的部分特征，做到字变而意犹存。可以说，汉字灵活多变，可塑性强的特质是避讳文化可以沿袭千年而不衰的基本保障。即便如此，对于后世的人来说，想要完全理解几百年甚至上千年之前的古书上到底哪些字是避讳之后的产物，在避讳之前又想表达什么含义还是一件十分困难的事。

中国的避讳文化，是敬畏天地鬼神的产物，在发展过程中逐渐成熟完善，形成了严密的体系，成为礼仪文明与政治文化的重要表现。与此同时，避讳所强调的尊卑秩序过分压制了人的自由意志与表达需要，将孝义德行扭曲为对表面形式的死守，也是不少文字狱兴起的重要原因。对此我们要有清晰的认识。

文化传递

1851年至1864年间，太平天国运动轰轰烈烈地展开了，这是中国近代史上规模最大的一次农民运动。太平天国在统治上强调君权与神权的绝对权威，因此对避讳尤其重视。从下面这些避讳的具体要求和表现中，可以看出太平天国仍然在追求尊卑有序，等级分明，使得部分汉字也变成了强权的表征。

太平天国首领洪秀全、杨秀清等人为了树立绝对权威，强化太平军内部的尊卑秩序，制定了严格的等级制度，避讳也成了相匹配的统治手段。尤其是1862年颁布的《钦定敬避字样》，明确规定了避讳字57个，禁用字12个，要求全国遵行。如果违反《钦定敬避字样》中的规定，就会被视为违禁、犯天条，轻则入狱，重则死刑。史料中就记载有两位年轻文书代天王洪秀全抄写材料时，因没有按要求避讳，在未经审讯的情况下被处死的事。可见太平天国对避讳的重视程度。

在太平天国大量的避讳字中，有部分是出于下级对上级的尊敬而产生的避讳，即敬讳。洪秀全创立了拜上帝教，尊奉爷火华（现在多译为"耶和华"）为天父，因此包括他在内的所有信徒对"爷""火""华"三个字都要避讳。像"主""上帝"这些涉及宗教信仰的字眼，除了用作宗教敬称，其他场合遇到都需要避讳。作为太平军主要将领，洪秀全、杨秀清、冯云山、肖朝贵等人的名字要避讳，"全""清""秀""云""山""贵"等字不能随意使用。同时这些将领又被封为天王、东王、西王、南王、北王、翼王，连"王"字也变成了尊称，不许旁人随便用，也需要避讳。翻阅现存的太平天国各类人名辑录，会发现无论是王侯将相，还是普通民众，竟然没有一个人姓"王"。原本姓"王"的人都因为避讳的需要改成了"黄"姓或者"汪"姓。甚至连书籍中涉及到"王"字的内容也要一视同仁地更改，太平天国刊印的删改本《孟子》中，就将"周文王""周武王"改作了"周文狂""周武狂"，将"孟子见梁惠王"改作了"孟子见梁惠相"。虽然避讳是封建王朝古已有之的传统，但历朝天子多是用不常见的生僻字作名字，以免避讳给正常的文字交流带来不便，但太平天国的避讳显然没有考虑这一

点，执行又非常严格，因此出现了妨碍正常文字使用的情况。

除了表敬意，太平天国的部分避讳字还代表了对避讳对象的厌恶和畏惧，即恶讳。太平天国以反清为旗号，对涉及清政府及其官员士兵的字眼都用"妖"字来取代，绝口不提"清"字，因此"清兵"被称为"妖兵"，清兵的营地被称为"妖穴"，清朝官员被称为"妖头"……对于与上帝教信仰相悖的"道""仙""神""寺""院""庵""观""僧""尼""龙""佛""魔""鬼"等涉及其他宗教信仰和神灵崇拜的字眼也出于厌恶统统回避，一概贬称为"妖"，因此"阎罗王"被称为"阎罗妖"，"龙王"被称为"龙妖"。不但在文字上贬斥和回避，寺院、庙宇、庵堂、宗祠也都被捣毁，禁止民众信奉崇拜。

由于太平天国的参与者多是农民出身，迷信意识浓厚，为了趋吉避凶、求福免祸，对许多不吉利的字眼、词语也有所避忌，这被称为忌讳。如他们忌讳"死"字，用"升天""分手""尽头"等词语来替代；忌讳瘟疫，就不提"瘟"字，连同音的"温"字也用"吉"来替代，希望逢凶化吉；忌讳称"伤员""病人"，就用"能人"来替代，因为"能"有强健的意思，也是用反义来避讳；打仗忌讳称"败""退""逃""散"，就用"胜兵"替代"败兵"。对于不洁、不雅之物，太平天国也是避讳的，如将"厕所"称为"化关房"，将"屁股"称为"化关"等。虽然民间百姓自古就有各种俗讳，但到了太平天国这里，不仅民间习俗、封建迷信、宗教信仰会成为忌讳的原因，连政治立场也都成为忌讳的来源，使忌讳的范围不断扩大，产生了大量前代没有的忌讳词语。

太平天国的避讳，综合使用了前代已有的方法，主要表现为替换、增减笔画或部首，离合字形，谐音，近音，删字省字等。比如太平天国禁止饮酒，"酒"字需要避讳，就用"汤""汁""茶"等其他表示饮料含义的字来替代，用来替换的字往往与被替换字意义相近，这就是替换避讳之法。为了避天王洪秀全"秀"字之讳，"秀才"就被写作"莠才"，不少人名中带的"秀"字也加上草字头，这是通过增加部首的方式来避讳。虽然"莠"字表示贬义，但显然太平天国对此并不介意，只要能避讳就行，这种不加拣择的避讳方式也受到清朝文人的嘲笑。而洪秀全名字中的"全"字，则往往被离析成"人""王"两个字来指代，以表达对天王身份的崇敬，这是用离合字形的方式避讳。为了宣扬对唯一真神上帝的崇拜，太平天国反对其他一切的宗教信仰，将百姓爱戴信仰的"菩萨"贬称为"该杀"，这就是使用了近音避讳的方式。当然，最省事的避讳方法还是直接回避要避讳的字，用空格来代替。

太平天国的避讳范围超过了之前的历代王朝，也是最后的绝响。随着新文化运动的开展，这种通过限制语言、文字的正常使用来树立权威的统治手段也逐渐消失了。

文化感悟

1. 根据"文化倾听"中提到的几种常用避讳方式，给本章的故事分分类。

2. 结合本章内容，你认为避讳文化给中国带来了怎样的影响？

3. 避敬讳的习惯在今天基本消失，但在日常生活中我们仍能发现避恶讳的现象，你能举两个例子吗？联系前几章的内容，思考避恶讳的习俗得以保存的原因有哪些。

第八章　文字之祸

一　崔杼弑君

【原文选读】

太史①书曰："崔杼②弑其君。"崔子杀之。其弟嗣③书而死者，二人。其弟又书，乃舍④之。南史氏⑤闻太史尽死，执简以往。闻即书矣，乃还。

（选自鲁·左丘明《左传》）

注释：

　①太史：指齐国的史官。

　②崔杼（zhù）：即崔武子，春秋时期齐国右相，掌国政。

　③嗣：继承，接续。

　④舍：赦免。

　⑤南史氏：春秋时期齐国的史官。

【文意疏通】

春秋齐国庄公时期，执政卿崔杼与齐庄公有间隙，找机会杀掉了国君。齐国的史官将这件事如实记载下来，写道"崔杼弑其君"。崔杼不愿意犯上作乱的事情被后人知晓，就杀掉了这个史官。后来史官的两个弟弟继承了哥哥的遗志，坚持这么写，又被崔杼杀掉了。最后只剩最小的弟弟，还是像三个哥哥一样坚持写"弑君"，崔杼不敢再杀，赦免了他。齐国的史官南史氏听说修史的史官都被崔杼杀了，就拿着竹简来到都城要接续他们的事业。后来听说史官最小的弟弟已经成功记载下来了，才回去。

【义理揭示】

《左传》中记载的这个故事流传甚广，可以看作是先秦文字狱的代表。史官秉笔直书，不畏强权的精神成为千百年来读书人共同的操守。那位南史氏明知会有杀身之祸还悠然前往赴死，则充分说明暴力与杀戮是无法阻止文化精神薪火相传的。

二 始皇焚书

【原文选读】

丞相①臣斯②昧死③言："古者天下散乱，莫之能一④，是以诸侯并作⑤，语皆道古以害⑥今，饰虚言以乱实⑦，人善⑧其所私学⑨，以非⑩上之所建立。今皇帝并有天下，别黑白而定一尊。私学而相与⑪非法教，人闻令下，则各以其学议之，入⑫则心非⑬，出⑭则巷

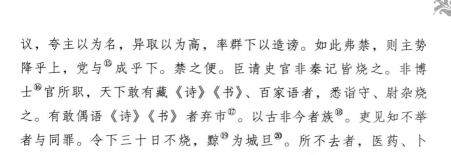

议，夸主以为名，异取以为高，率群下以造谤。如此弗禁，则主势降乎上，党与[15]成乎下。禁之便。臣请史官非秦记皆烧之。非博士[16]官所职，天下敢有藏《诗》《书》、百家语者，悉诣守、尉杂烧之。有敢偶语《诗》《书》者弃市[17]。以古非今者族[18]。吏见知不举者与同罪。令下三十日不烧，黥[19]为城旦[20]。所不去者，医药、卜筮、种树之书。若欲有学法令，以吏为师。"制[21]曰："可。"

（选自汉·司马迁《史记》）

注释：

①丞相：古代辅佐君主的最高行政长官。

②斯：指李斯，楚国人，法家代表人物，秦统一六国后任丞相，法令多由他参与制定。

③昧死：冒死，表示敬畏之意。

④一：统一。

⑤作：兴起。

⑥害：妨碍。

⑦乱实：扰乱、歪曲事实。

⑧善：赞同、喜好。

⑨私学：指诸子各家各派的学说。

⑩非：诋毁，否定。

⑪相与：一起。

⑫入：在朝堂上。

⑬心非：心怀不满。

⑭出：出了朝堂。

⑮党与：朋党。

⑯博士：古代学官名，诸子、诗赋、术数、方技皆立博士。

⑰弃市：处以死刑。

⑱族：灭族。

⑲黥（qíng）：古代五刑之一。以刀刺面、染黑为记。

⑳城旦：古代刑罚名。一种筑城四年的劳役。

㉑制：皇帝的命令。

【文意疏通】

　　经历过春秋战国时期的"百家争鸣"，到了秦统一六国之后，朝廷官员及读书人继承了不同学派的思想学说，代表着不同的立场。对于秦始皇统一之后制定的各项政策法令，一直都有人持否定批判态度，尤其是儒生们认为变革过于剧烈，刑罚过于严苛，应该遵循古代传统，恢复古制。这与法家积极要求变革以适应当世的想法大相径庭。于是丞相李斯向秦始皇进言说："古代的时候天下分散，战乱频仍，没有办法统一，因此诸家学说纷纷兴起，都称赞古代的制度来妨碍当下的制度推行，伪饰不切实际的言论来扰乱事实。人们都认为自己掌握的思想学说是最好的，非议朝廷建立的一切。如今皇帝您拥有全天下，可以判定是非曲直，确定思想、政令于一尊。诸家学说一起非议法律教化，听说政令颁布，就用自家的学说来评判它。这些人在朝廷上虽然口不敢言，但在心里非议，出了朝堂，就在公众场合随便议论，夸耀自己的主见来博得名声，展示不同的意见来显示高明，带领着下面的人制造谣言诽谤朝廷。如果像这样还不禁止的话，那么君主的声威就会下降，结党营私的情况就会出现。应该禁止这样的事情发生。我奏请史官烧掉一切不是由秦国记录的历史书籍，除了专门研读经书的博士官，其他人敢私自收藏《诗经》《尚书》以及诸子百家的学说的，全部报告给守卫

官员烧毁。有敢于谈论《诗经》《尚书》中内容的人，全部杀掉。敢用古代制度来非议当下制度的人，灭族。官员如果发现这类违法情况不及时报告的话，与他们同罪。命令下达三十天内不烧毁违禁书籍的，判墨刑，承担四年劳役。不在焚毁范围内的包括医药、占卜和种树方面的书。如果有人想学习律法知识，就去跟代表国家意志的官吏学习。"秦始皇下达命令照准执行。

【义理揭示】

秦始皇在李斯的提议下施行的"焚书"政策一直被认为是文化史上的一次浩劫。李斯以为通过焚毁图书，控制思想舆论的方式可以培养出愚昧顺从的臣民，帮助国家实现高度的集权和统一。但历史证明，钳制思想文化的做法只会遭到民众或明或暗的抵制，文化总会找到传播的渠道得以保存。

三　孔融弃市

【原文选读】

初，曹操攻屠邺城①，袁氏妇子②多见侵略③，而操子丕④私纳袁熙⑤妻甄氏。融乃与操书，称"武王伐纣，以妲己赐周公"⑥。操不悟⑦，后问出何经典。对曰："以今度之，想当然耳。"

时年饥兵兴，操表⑧制酒禁⑨，融频书争之，多侮谩之辞。既见操雄诈渐著，数不能堪，故发辞偏宕⑩，多致乖忤⑪。操疑其所论建渐广，益惮之。然以融名重天下，外相容忍，而潜怨正议，虑鲠⑫大业。

　　曹操既积嫌忌，而郗虑[13]复构成其罪，遂令丞相军谋祭酒路粹[14]，枉状奏融曰："少府孔融，昔在北海，见王室不静[15]，而招合徒众，欲规不轨[16]，云'我大圣[17]之后，而见灭于宋[18]，有天下者，何必卯金刀[19]'。又前与白衣祢衡[20]跌宕放言，云'父之于子，当有何亲？论其本意，实为情欲发耳。子之于母，亦复奚为？譬如寄物缶[21]中，出则离矣'。既而与衡更相赞扬。衡谓融曰：'仲尼不死。'融答曰：'颜回[22]复生。'大逆不道，宜极重诛。"书奏，下狱弃市[23]。时年五十六。妻、子皆被诛。

（选自南朝宋·范晔《后汉书》）

注释：

　　①邺（yè）城：在河北境内，从曹魏至南北朝时期，此地是繁荣富庶的大城市。

　　②妇子：妻子儿女。

　　③侵略：侵犯掠取。

　　④丕（pī）：指曹丕，字子桓，三国时魏文帝，文学家，曹操之子。

　　⑤袁熙：袁绍之子。

　　⑥武王：指周武王，他消灭了商朝，建立了周朝。妲（dá）己：商纣王宠妃，怂恿纣王残酷杀害宗室大臣。周公：名旦，周武王之弟，对周朝的建立与天下的安定起到了重要作用，后世视他为圣人。

　　⑦悟：理解，领会。

　　⑧表：启奏，上奏章给皇帝。

　　⑨酒禁：禁止酿酒、饮酒的命令。

　　⑩偏宕：偏激放纵，不合常规。

　　⑪乖忤：违逆。

　　⑫鲠（gěng）：阻碍。

⑬郗虑：字鸿豫，曾任东汉御史大夫，与孔融有嫌隙。

⑭丞相军谋祭酒：官名。路粹：字文蔚，曹魏时期的官员。

⑮不静：政权动荡。

⑯规：谋划。不轨：超出常规，不合法度的事。

⑰大圣：指商汤，孔融是孔子后代，孔子祖先是殷商贵族。

⑱见灭于宋：周朝建立后，将殷商人都迁移到宋国居住，孔子六世祖被宋国大臣所杀，后代出奔鲁国。

⑲卯金刀：即繁体的"劉"字，指汉朝王室。

⑳白衣：平民，亦指无功名或无官职的士人。祢衡：字正平，东汉文学家。少有才辩，而尚气刚傲，好矫时慢物。

㉑缶（fǒu）：盛水的瓦器。

㉒颜回：孔子的学生，深受孔子喜爱，早死，后世尊称为"复圣"。

㉓弃市：在闹市执行死刑。

【文意疏通】

孔融是孔子二十世孙，东汉末年一代名儒，文学家，为当时文章宗师，被誉为建安七子之首。他曾任北海相，世称孔北海。东汉末年归附曹操，任少府、太中大夫。孔融性格刚直，敢于进言，多针对时政直抒己见，颇露锋芒，个性鲜明。曹操攻下邺城时大肆屠杀，袁绍家的妻女多被侵凌，曹操的儿子曹丕甚至还私下娶了袁熙的妻子做姬妾。孔融知道后给曹操写信说："当年周武王讨伐商纣王，把妲己赐给周公做妻子。"曹操看后不知道这是在讽刺自己与曹丕贪恋美色，用不光彩的手段强娶战俘之妻，还问孔融这件事出自什么经典。孔融不客气地回答："我只是根据如今发生的事来推测古人，想当然罢了。"

当时年成不好，出现饥荒又战乱不休，曹操向皇帝上书请求颁布禁酒令，孔融多次写信跟曹操争辩，常对曹操有轻侮怠慢的言辞。孔融已经发现曹操枭雄奸诈的一面逐渐显露，屡次无法容忍，因此才说一些偏激放纵的话，多次冒犯违逆曹操。曹操担心他将这些针对自己的议论传播开来，更加忌惮他。然而因为孔融闻名天下，曹操只能在表面上容忍他，但内心里非常怨恨他的这些言论，担心会阻碍自己夺取天下的大计。

曹操已经积累了很多对孔融的嫌隙猜忌，加上郗虑又编造了孔融的罪状，于是曹操就让担任丞相军谋祭酒的路粹上奏章污蔑孔融说："孔融以前在北海郡时，看到汉朝王室动荡不安，就纠集乌合之众想要图谋不轨，还说什么'我是商汤大圣人的后代，血统高贵，祖先后来在宋国不幸被杀害，拥有天下的人，为何一定要是刘氏呢？'还曾跟平民祢衡胡言乱语说：'父亲对子女有什么亲情可言呢？看他的本意，不过是情欲发作罢了。子女跟母亲，又有什么关系呢？只不过是物品寄居在器皿中，拿出来就两相分离了，毫无干系。'孔融与祢衡互相吹捧赞扬，祢衡说孔融是'孔子不死'，孔融回赞他是'颜回复生'。孔融大逆不道，应该遭受最重的刑罚。"奏文报告朝廷后，孔融被逮捕入狱，判处死刑。当时他五十六岁，妻子儿女全都被杀害了。

【义理揭示】

曹操忌惮孔融的影响力会阻碍自己称帝，因此故意夸大、扭曲了孔融的言辞，甚至无中生有，将原本提倡仁义之道的一代名儒诋毁为无视伦理纲常，有谋反意图的狂妄小人，最终杀掉了他。所谓"欲加之罪，何患无辞"，这正是封建统治阶级大兴文字狱的惯用伎俩。

四　李白遭谗

【原文选读】

上①曰："赏名花，对妃子，焉用旧乐辞②焉？"遽命龟年③持金花笺④，宣赐翰林供奉⑤李白，立进《清平调词》三章。白欣然承诏旨，由若宿醒⑥未解，因援笔赋之。……其二曰：一枝红艳露凝香，云雨巫山枉断肠。借问汉宫谁得似？可怜飞燕倚新妆。……上自是顾⑦李翰林尤异于诸学士。会高力士⑧终以脱靴⑨为深耻，异日，太真妃重吟前辞，力士曰："始以妃子怨李白深入骨髓，何翻⑩拳拳⑪如是耶？"太真妃因惊曰："何翰林学士能欲辱人如斯？"力士曰："以飞燕⑫指妃子，贱之甚矣！"太真妃颇深然之。上尝三欲命李白官，卒为宫中所捍⑬而止。

（选自宋·乐史《〈李翰林别集〉序》）

注释：

①上：指唐玄宗。

②乐辞：配乐演唱的歌词。

③龟年：即李龟年，唐代宫廷乐师，玄宗时在梨园供职，受玄宗宠信。

④金花笺：一种描绘有金花的书笺。

⑤翰林供奉：官名，唐玄宗时选拔擅长文词的朝臣入居翰林，起草诏制。

⑥宿醒（chéng）：宿醉。

⑦顾：看待。

⑧高力士：唐玄宗朝宦官，备受宠信，手握重权。

⑨脱靴：据《新唐书》记载，李白在一次酒醉之后，曾当着唐玄宗的面让

高力士为他脱掉靴子。

⑩翻：反过来。

⑪拳拳：诚挚的样子。

⑫飞燕：指西汉成帝的皇后赵飞燕，擅长歌舞，传闻中她靠美色迷惑帝王，祸乱后宫。

⑬捍：抵制。

【文意疏通】

唐朝天宝年间，李白因文才出众被唐玄宗征召，做了翰林供奉。李白性格狂放不羁，又极好饮酒，在朝廷中得罪了不少人。一次李白喝醉酒，甚至当着唐玄宗的面伸出脚让名震宫廷内外的大宦官高力士给他脱靴，这让高力士极为不快，一直伺机报复。终于，在一次牡丹盛开的时候，唐玄宗带着杨贵妃去赏花，要求宫廷乐师李龟年歌唱助兴。李龟年刚准备合着音乐开唱，就被唐玄宗阻止了，说："既然是欣赏名贵的花卉，还对着美人，怎么能用旧的歌词呢？"唐玄宗让李龟年拿着名贵的金花笺，宣旨赐给翰林供奉李白，让他立刻写出三首《清平调词》来配乐歌唱。李白欣然接受了旨意，仍像是酒醉没醒的样子，拿起笔就写了三首歌辞。其中第二首写到："贵妃像一枝带着露珠和迷人香气的艳丽红牡丹，传说中巫山神女与楚襄王的恩爱欢好怎么能比得上贵妃与皇帝呢！昔日汉宫里又有谁能比得上贵妃这样的容貌呢？可怜赵飞燕凭借着精心的打扮和妆容也是枉然啊。"从这以后，唐玄宗看待李白更比别人不同了，有心重用他。但是高力士一直为脱靴的事情深感羞耻，一天杨贵妃又吟诵起了李白写的《清平调词》，高力士趁机说："妃子您怨恨李白深入骨髓，他怎么会反过来对您如此诚挚呢？"杨贵妃

惊问道："为何李白要羞辱人到这种地步呢?"高力士回答说:"他用声名狼藉的赵飞燕来比拟妃子,实在是把您看得太轻贱了。"杨贵妃认为高力士说得很对。唐玄宗三次都想任命李白做官,每次都被杨贵妃阻止而打消了念头。不久之后,李白就遭人诋毁,被赐金放还了。

【义理揭示】

李白所作的《清平调词》完全是对于对杨贵妃的歌颂和赞美,并没有讽刺意味。即便是这样的内容,在高力士故意的曲解中也能成为别有用心的证据,文字狱的荒谬与牵强可见一斑。

五 乌台诗案

【原文选读】

至于包藏祸心,怨望①其上,讪渎②谩骂,而无复人臣之节者,未有如轼③也。盖陛下发钱④以本业⑤贫民,则曰"赢得儿童语音好,一年强半在城中";陛下明法以课试郡吏⑥,则曰"读书万卷不读律,致君尧舜知无术";陛下兴水利,则曰"东海若知明主意,应教斥卤⑦变桑田";陛下谨盐禁,则曰"岂是闻韶解忘味,尔来三月食无盐";其他触物即事⑧,应口所言,无一不以讥谤为主。小则镂板⑨,大则刻石,传播中外,自以为能。

（选自明·董斯张《吴兴艺文补》）

注释：

①怨望：心怀不满。

②讪（shàn）渎：毁谤亵渎。

③轼：指苏轼，字子瞻，北宋著名文学家。

④发钱：指宋代王安石变法时实行青苗法所借贷给百姓的现钱。

⑤本业：这里指促进农业生产。

⑥课试郡吏：对官员进行考核。

⑦斥卤：盐碱地。

⑧触物即事：遇到什么事情，就以此为题材作诗。

⑨镂板：雕版印刷。

【文意疏通】

宋神宗在熙宁、元丰年间施行变法改制政策，重用了一批支持新政的革新派担任要职。他们在执行新政的过程中逐渐与反对新政的保守派之间势同水火，互不相容。原本以富国强兵为目的的改革运动变成了党派之间的攻击斗争。向来被视为保守派的苏轼也不幸被卷入其中，被当时的监察御史里行舒亶以诽谤新法的罪名弹劾，最终引发了震惊朝野的"乌台诗案"，差点死于狱中。舒亶在弹劾苏轼的奏章里写到："没有人像苏轼这样对皇帝陛下您心怀恶意，毁谤亵渎，辱骂不休的，他没有身为臣子应有的礼节。陛下您推行青苗法借贷政策来扶持贫民发展农业，苏轼就在诗里说'青苗钱只换来了农民子女们学会了城里话，因为他们一年大部分时间都住在城里'，这是在讽刺青苗法只会让农民在城市中过度消费，根本不能促进农业生产。陛下您明确法规来录用官员，苏轼就在诗里说'我读书万卷却不晓得律法，哪里有什么能力来辅佐君王呢？'这是在讽刺您选拔官吏时只重视律法知识，却不管他们的学识。陛下您

推行农田水利法，苏轼就在诗里说'东海如果知道君王的变法意图，就应该让盐碱地都变成良田才对'。这是在讽刺农田水利法根本达不到富国裕民的目的。陛下您推行盐禁政策，苏轼就在诗里说'哪里只有听到《韶》乐才会忘记食物的味道，三个月没有盐吃也会味同嚼蜡'，这是在讥刺盐禁政策。其他还有很多诗都是以新法为题材的，随口乱言，全部充满了讽刺意味。这些诗轻则刻板印刷成书，重则勒石立碑，内外传播，苏轼还自以为很有才华。"

【义理揭示】

舒亶等人故意对苏轼的诗歌断章取义，抛开诗歌背景和前后因果截取部分内容，再配合自己的曲解和恶意阐释，将原本如实表现新政见闻的诗歌解读成攻击、反对新法的诽谤之作，这完全是无中生有，深文周纳的伎俩。

六 二僧诗累

【原文选读】

元末高僧，四明守仁字一初、钱塘德祥字止庵，皆有志事业者也，遭时不偶①，遂髡②首而肆力③于诗云。入国朝，皆被诏至京，后官④僧司⑤。一初《题翡翠》云："见说炎州进翠衣⑥，网罗⑦一日遍东西；羽毛亦足为身累，那得秋林静处栖。"止庵有《夏日西园》诗："新筑西园小草堂，热时无处可乘凉；池塘六月由来浅，林木三年未得长。欲净身心频扫地，爱开窗户不烧香；晚风只有溪南柳，又畏蝉声闹夕阳。"皆为太祖见之，谓守仁曰："汝不欲仕我，谓我法网密耶？"谓德祥曰："汝诗热时无处乘凉，以我刑法太严耶？又谓'六月由浅''三年未长'，谓我立国规模小而不能兴礼乐耶？'频扫地''不烧香'，是言我恐人议而肆杀，却不肯为善耶？"皆罪之而不善终。

（选自明·郎瑛《七修类稿》）

注释：

①不偶：指时机不对或命运不好。

②髡（kūn）：剃去毛发。

③肆力：致力。

④官：做官。

⑤僧司：官署名，掌管寺院僧尼相关事务。

⑥翠衣：翠鸟。

⑦网罗：搜求。

【文意疏通】

　　明太祖朱元璋是一位猜忌多疑的君主，他在位期间大兴文字狱，制造了许多冤案。不少臣子因为文字中的一两句话让朱元璋有所怀疑，就被毫不留情地处死。元朝末年有两位高僧，一个是四明的守仁，字一初，一个是钱塘的德祥，字止庵。两个人本来都立志要干出一番事业来，可惜赶上元朝末年天下大乱，时运不济，就剃去头发做了僧人，把精力都投入到诗歌创作中来了。明朝建立以后，两人都被召至京城，在僧司为官。一初有首《题翡翠》的诗写道："听说遥远的炎州进献了一只翠鸟，为了捕捉它官差花了一整天时间东奔西跑。华丽的羽毛也会成为生命的负累，哪里比得上在秋天的树林中静静栖息呢。"这首诗表达了一心向佛，不愿为俗事

所牵累的心愿。止庵有一首《夏日西园》的诗写道："西园新建了一个小小的草堂，天热的时候却没有地方可以乘凉。到了六月炎热不堪的时候，感觉池塘的水分外浅，已经长了三年的树木也不够高大，难以抵挡烈日。想要保持身体和心灵的宁静就频繁扫地，修炼自己，打开窗子不要焚香。到了傍晚，清爽的凉风从长着柳树的水畔吹来，真是害怕聒噪的蝉声又惊动了已经要落山的太阳。"这首诗写了炎热夏季在西园的生活，意思是诚心礼佛可以带来心灵的宁静，赶走夏日的燥热。结果这两首诗让朱元璋看到，对守仁说："你是不想在我朝为官，认为我法网严密，不通情理吗？"又对德祥说："你在诗中说太热的时候没有地方乘凉，是暗指我刑法太严苛了吗？又说什么'六月水浅''三年树木不高大'，是讽刺我建国规模小，不能用礼乐治国吗？'频繁扫地''不烧香'是指我害怕文人议论就大肆屠杀，却不肯向善改过吗？"朱元璋因为这两首诗给高僧判罪，最后把两个人都杀害了。

【义理揭示】

朱元璋怀着先入为主的成见来解读臣子的文字，总能发现让他起疑的言外之意。这种毫无道理的严密监控使臣子们噤若寒蝉，严重限制了思想文化的正常发展。

七　夕惕朝乾

【原文选读】

雍正三年三月，年羹尧①表贺日月合璧②，将"朝乾夕惕③"写

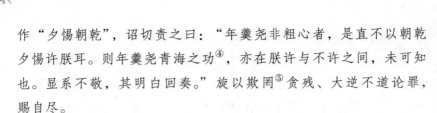
作"夕惕朝乾",诏切责之曰:"年羹尧非粗心者,是直不以朝乾夕惕许朕耳。则年羹尧青海之功④,亦在朕许与不许之间,未可知也。显系不敬,其明白回奏。"旋以欺罔⑤贪残、大逆不道论罪,赐自尽。

(选自金梁《光宣小记》)

注释:

①年羹尧:字亮功,号双峰,雍正朝重要的军事人物。

②日月合璧:一种天文现象,月亮和太阳同时出没,古人认为是国家的祥瑞。

③朝乾夕惕(tì):形容终日勤奋谨慎,不敢懈怠。

④青海之功:指年羹尧率兵平定青海罗卜藏丹津的叛乱。

⑤欺罔:欺骗蒙蔽。

【文意疏通】

年羹尧原本是雍正皇帝的心腹大臣,四处征战,声威赫赫。但他后来自恃身份骄横放纵,引起雍正的猜忌,被罗织了九十二条罪状并赐死。在雍正三年(1725)的时候,年羹尧向皇帝上表庆贺出现了日月并出的奇观,赞颂这是国家的吉兆。本来是歌功颂德,溜须拍马的官样文章,却被已经对他怀有不满的雍正皇帝看出了错误。原来他在奏章里将"朝乾夕惕"写成了"夕惕朝乾",其实这个词词序调换完全不影响表达,意思一样都是歌颂皇帝每天宵衣旰食,勤于国事的。但雍正却下诏书责备他说:"年羹尧不是粗心的人,这不是粗心导致的错误,是他认为我配不上'朝乾夕惕'四个字,故意写颠倒表达讥讽的。年羹尧虽然青海平叛乱有功,但承不

承认完全要看我的意思，结果怎样还不知道呢。他显然对我一点也不尊敬，让他明明白白回奏。"不久年羹尧就因为欺骗皇帝，残酷贪婪，大逆不道被判罪，皇帝让他自尽了。

【义理揭示】

对于心怀猜忌的雍正皇帝来说，奏章中莫须有的错误不过是他想要惩处年羹尧的借口而已。即便"朝乾夕惕"没有写错，雍正皇帝也还是能发现其他"不敬之词"的。对于封建统治者来说，以文字杀人实在是方便不过，无论罪名多么荒谬，也能成立。

八　求免文祸

【原文选读】

比年①以来，间巷细人②不识两朝所以诛殛③大憝④之故，往往挟睚眦⑤之怨，借影响之词，攻讦⑥诗书，指摘⑦字句。有司⑧见事生风，多方穷鞫⑨，或致波累师生，株连亲故，破家亡命，甚可悯也。臣愚以为井田⑩、封建⑪，不过迂儒之常谈，不可以为生今反古⑫；述怀咏史，不过词人之习态，不可以为援古刺今⑬。即有序跋偶遗纪年，亦或草茅⑭一时失检，非必果怀悖逆，敢于明布篇章。若此类悉皆比附⑮妖言，罪当不赦，将使天下告讦不休，士子以文为戒，殊非国家义以正法、仁以包蒙⑯之至意。

（选自清·贺长龄《清经世文编》）

注释：

①比年：近年。

②闾巷细人：民间的小人。

③殛（jí）：杀死。

④大憝（duì）：被人极其厌恶的坏人。

⑤睚（yá）眦（zì）：指极小的仇恨。

⑥攻讦（jié）：因个人或派系利害矛盾，揭发别人的隐私或攻击别人的短处。

⑦指摘：挑出错误，加以批评。

⑧有司：官吏。

⑨穷鞫（jū）：彻底审讯或追究。

⑩井田：古代的一种土地制度。以方九百亩为一里，划为九区，形如"井"字，故名。

⑪封建：封邦建国。古代帝王把爵位、土地分赐亲戚或功臣，使之在各区域内建立邦国。

⑫生今反古：生在今日的世界，却想返回古代的制度。

⑬援古刺今：援引古代的典故来讽刺现在的事情。

⑭草茅：指民间百姓、平民。

⑮比附：相关联。

⑯包蒙：包容愚昧的人。

【文意疏通】

清朝满族统治者夺取天下后，为稳固政权，防止明朝复辟，就严密监控起汉人的书刊文字，试图杜绝任何有反叛之心的内容。因此清代的文字狱在历代封建王朝中最为严重。乾隆元年，山东御史曹一士向皇帝上书，力陈文字狱的弊病，请求免除此祸。其中有一

段写道：

近年以来，市井小人不知道康熙、雍正两朝诛杀罪大恶极的人的真正原因，常常因为极小的过节，借着捕风捉影的言辞，从诗书中寻章摘句攻击别人，或者挑出错误随意指责。官员推波助澜，往往用各种方法审讯追究罪责，有时波及所查之人的老师、学生，株连其大量亲戚朋友，甚至使其家破人亡，实在让人同情。我认为井田、封建这些制度，不过是迂腐的书生经常会谈论到的内容，不能认为他们是想恢复古制，图谋不轨。那些叙述情怀，吟咏历史的诗词，不过是文人的常态，不能认为他们是有意地援引古事讽刺今朝。即便有序跋中偶然遗漏、疏忽了纪年，也不过是民间百姓一时没有检查到位，不一定就是怀有谋逆之心，要在文章中明明白白宣扬出来。如果把这类情况都关联为虚妄不实的言论，判定为不可饶恕的大罪，就会使天下的人互相攻击没有休止，读书人对文章之事充满戒备之心，实在不能体现国家用公正的法律包容愚昧以示仁义治国的心意。

【义理揭示】

曹一士在文字狱最为恐怖压抑的时代向皇帝进言，指出文字狱已经成为杀人工具，请求平息文祸，他的勇气实在令人敬佩。但他的恳切陈词并没有能真正打动乾隆皇帝，事实上，乾隆朝的文字狱持续时间之长，打击范围之广，牵涉人数之众都是历史罕见的。这种文化高压政策如曹一士所言，是不可能让国家长治久安的。

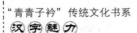

文化倾听

罗素英先生的《中国文字狱述论》一文（《求实学刊》2000年第6期，111页至116页）对中国历朝文字狱的特点、成因及影响都作了详细的阐释。具体摘录如下：

所谓"文字狱"，即因文字而获罪的案件。在历史上，因文字成狱的案件，并不是从一开始就被称为"文字狱"，而是经历了一个不断演化的过程。在秦代，它被称为"焚书坑儒"。在两宋，它被称为"诗狱"或"诗案"，因为两宋的文字狱多与诗有关。到了明代，它又被称"表笺祸"。明太祖时期，每逢国家大典、皇帝生辰之时，各地官员所献上的颂扬皇帝功德的颂词，就叫表笺。朱元璋从中挑刺，不少人因此而罹祸。清初则称"史狱"或"史案"，因为好几起文字狱都与写刻明史有关，如庄氏明史案。乾隆朝文网更为严密，文字狱发生的频率也最高，其中有一部分直接与禁书有关，因此，它又被称为"书案"或"逆书案"。到了乾隆末年，史学家赵翼把这些因文字而获罪的案件统统归结为"文字之狱"四字。因"文字狱"最能体现知识分子因文字而获罪陷狱的特点和实质而成为惯称。

在中国文化发展的长河里，文字狱虽然不是文化发展的主流，但却如同一颗毒瘤，伴随着中国文化的发展而愈演愈烈，成为中国文化发展史上一道非常沉重的风景线。它展示在人们面前的是文化发展史上的刀光剑血影、统治者的权力意志、人世间的尔虞我诈和人性中的阴暗凄凉。

文字狱在开始时，主要与史臣有关。古时史臣有秉笔直书的美德，因而再胆大妄为的统治者也对史臣的"直书"有所畏惧。那些气量狭小、胡作非为的统治者怕自己的恶德丑行流传后世，为万世唾骂，因此，往往把"直书"无隐的史臣治罪，砍其头并毁其书。（编者按：本章"崔杼弑君"就是这类故事的典型。）由于中国社会的迅速封建化并长时期滞留在封建社会阶段，政治权力的天平及制约权力的机制日益由民向官、由官向君倾斜，官权与皇权逐渐膨胀，民权也就日渐萎缩。因此，掌握着权力的统治者不但对历史，而且对历史以外的文字，也开始忌讳了。从此以后，不但史臣"直书"更难，就连以文字谋生的文人士子吟诗作文也都不自由了。"祸从笔下生"从此成为中国封建社会知识分子变迁史上的寻常现象，以至到了封建社会的末期，在知识界形成了"万马齐喑"的恐怖局面。

秦始皇当政时，中国政治处于由分到合的转折点，知识分子对秦始皇实行的禁焚法家以外的诸子百家书的政策不理解，特别是那些以口舌横议，笔墨谋生的儒生意见更大，终于把秦始皇惹恼了。于是，秦始皇把有意见的儒生全部活埋，史载一次就坑埋了 460 多人。秦始皇的焚书坑儒政策极大地破坏了中国文化发展的连续性，也使中国知识分子的人格尊严受到极大的伤害。大规模的焚书制造了中国文化史上的第一场浩劫。魏晋南北朝时期，社会动荡不安，统治者制造的文字狱就多了起来，如曹操杀崔琰、孔融就是典型。在宋代，政治史就是文人争权的历史。为了倾倒政敌，他们往往挖空心思从对方的文字作品中找材料。最典型的是与苏轼有直接关系的"乌台诗案"。苏轼对王安石实行的新法不很赞同，他把这种不同政见带到诗文中，所作诗文流露出对新法的不满，新党据以弹劲，苏轼下御史狱。宋代以后，中国的封建社会发展到极盛，中央集权已经完成，皇权专制开始恶性膨胀，知识分子的命运更加不好过，就是与知识分子沾亲带故的普通百姓的日子也难过起来。这种情形在明清两代表现得尤为明显。明清时期，文字狱达到顶峰，而文字狱的发生与皇权的登峰造极有着直接的因果关系。

明代的文字狱集中在明太祖朱元璋时期。明以前的文字狱一般是把被认为犯有文字罪的人或贬职或流放或诛杀而已，很少祸及他人，而从明代开始，惩处的力度大大加强。统治者采取瓜蔓抄的株连方式，把那些与当事者有联系的一干人等全部治罪。清初的文字狱，开始是满族统治者要巩固自己的政权，因此，就对那些参加过抗清斗争，或者主张反清复明的汉族知识分子开了杀戒。到了乾隆时期，清政权虽然已经稳定，但在文化上却仍感到受汉族士林的威胁，为了使自己的统治地位更加稳固，乾隆就更加醉心于文化专制。于是，一连串的文字狱也就再次发生。据统计，在清一代共268 年的历史中，发生了160 余起文字狱，几乎平均一年半一次。而在乾隆朝，一年达两次还多，创历史之最。

文字狱最大的特点是因文触祸，被治罪者并没有相应的可以被治罪的行为，不过是因为自己所著的文字或者是因为保留了别人的文字，其根本原因即在权力与知识的冲突。历代统治者制造文字狱的目的，就是要利用这一手段来威慑知识阶层，使之屈服于皇权的统治。他们在运用这一手段时，根本不必去查问有无具体的犯罪实迹，只扣住文字本身大加渲染、歪曲就好。而且统治者以文字治罪，并不是针对士林的某一个体，而是士林全体。在皇权独尊的封建社会，文字狱对于整个知识阶层的打击和震慑作用是不言而喻的。

文字狱是因文字触祸，而那些被当作罪证的文字，一部分是对当朝确有触忤，而相当部分是被当权者寻文摘句、罗织罪名而成。罗织罪名的方法也很多，或望文生义，或猜谜射字，或无限上纲，甚至地域语音的不同，也可以成为定罪的依据，于是就大张文网，大开杀戒。

文字狱给中国历史的发展造成了非常消极的影响。首先，文字狱对读书人从肉体到精神的惨无人道的摧残、迫害，造成了知识分子群体的心灵创伤，严重扭曲了知识分子的人格尊严。封建专制的高压、淫威，压抑了知识分子的创造活力，继之而来的结果必然是中国文化的生命力受到抑制，变得死气沉沉，缺乏生机和活力。其二，文字狱流行开来后，被居心不良之辈利用。他们为了满足一己私欲，往往丧尽天良，利用统治者以文字治罪的政策，或是挟嫌报复，或是敲诈勒索，常常弄得知识界风声鹤唳，人人自危。因此，文字狱对于人心风俗、社会道德的负面效应也是非常深重的。到了清初，由于政府鼓励检举告发，告发坐实者甚至可以得到被告财产的一半，因此，告发、诬陷之风尤烈。这表明社会廉耻在一些人心中已经丧失殆尽。其三，文字狱往往造成中国书刊史的无数浩劫。在文字狱中，人与书是两个互为关联的构件，人罹祸，书亦不免。秦始皇焚书对中国先秦典籍的破坏影响了以后两千多年的中国学术史，清代的文字狱有很多就是因为编纂、收藏自己或他人的著作或是收藏禁书而引起的，一旦成狱，这些人所著所藏的书籍就立即遭到焚灭之灾。这些书籍的毁版无疑是中国文化的一大惨重损失。

总之，文字狱对中国文化发展造成了灾难性的影响，是中国文化机体的一个毒瘤。

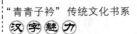

　　在中国近代革命史上，为了推翻封建专制制度与帝国主义的侵略压迫，不少仁人志士大声疾呼，通过报刊文字向公众介绍西方先进文明，传播革命思想。为此，他们也遭到敌对势力的镇压与迫害，甚至付出了生命的代价。这与古代的文字狱在本质上如出一辙，都是强权对思想文化自由的野蛮干预。

　　1903年，上海发生了震惊全国的"苏报案"，这是中国近代革命史上的重要事件，直接推动了民主革命的进程。

　　《苏报》原本是胡璋1896年以他日籍妻子的名义创刊于上海租界的一份普通小报，刊登的多是市井消息、街边新闻，影响不大。两年之后，《苏报》就因为经营不善，亏损过多被陈范买下。陈范举人出身，早年做过知县，在政治上更倾向于革命。为了打开《苏报》的销路，他抓住了当时上海学界罢课风潮的契机，请当时一批激进的知识分子撰稿，开辟了"学界风潮"的专栏，此后蔡元培、章太炎等人的文章就轮流出现在《苏报》上。更重要的是，陈范还请章士钊为主笔，《苏报》的文风因此发生了巨大的变化，成为宣传反清革命的重要阵地，言辞也日益激烈。这自然引起了清朝政府的特别注意，《苏报》成为被严密监视的对象，尤其是像章太炎、蔡元培、邹容等颇有影响力的革命派发表的文章，就更被清政府视为眼中钉了。

　　1903年6月，《苏报》节选了章太炎《驳康有为论革命书》的部分内容公开刊印，这篇文章对康有为的《答南北美洲诸华商论中国只可行立宪不可行革命书》进行了针锋相对的反驳。文章反对康

有为把国家变革的可能性寄予光绪皇帝一人，直指康有为妄想只要温和地立宪，不通过流血牺牲的革命就能实现革新的理想不切实际。章太炎甚至在文章中公然称呼光绪皇帝的名讳"载湉"，表示对清政府和封建君权的极度蔑视。

同一时期，《苏报》还对邹容的《革命军》一书不遗余力地进行推介，称赞此书"诚今日国民教育之第一教科书"，又在"新书介绍"中评论此书说"其宗旨专在驱除满族，光复中国，笔极犀利，文极沉痛。……若能以此书普及四万万人之脑海，中国当兴也勃焉"。章太炎也为《革命军》撰写了序言，指出"同族相代，谓之革命，异族攘窃，谓之灭亡；改制同类，谓之革命，驱逐异族，谓之光复"，极言推翻清政府的正义性，这篇《〈革命军〉序》也发表在《苏报》上。这些言辞激烈、宣扬反清革命的政论文，使广大读者深受震动，一时之间成为全国的热议话题，《苏报》也被视为最具革命性的进步报刊。清政府因此下定决心清理这些革命党人，以正视听。

由于《苏报》报社地处租界，清政府不得不跟租界当局交涉，要求租界工部局逮捕章太炎、邹容等人。而西方列强也想借此事大做文章、从中牟利，因此以新闻自由和庇护政治犯为由故意拖延，拒绝移交案犯。另外上海当地还有不少支持革命的有识之士从中斡旋，趁双方僵持的机会，陈范、章士钊等涉案人员纷纷逃离报社，巡捕房上门时只逮捕了一个无足轻重的账房先生。后来，租界工部局扩大抓捕范围，对爱国学社也进行了搜查，章太炎则本着一腔热血不屑走避，当场承认自己就是章炳麟，因此被捕。邹容为与章太炎共患难，自行投案。

针对应该如何判决章太炎与邹容，清政府聘请的两名律师与章太炎、邹容的律师在租界会审时进行了针锋相对的辩驳，前后审讯了三次。清政府开始希望将两人引渡到自己的地盘，然后以清朝律法处以死刑，后来发现难以实现，又转而通过律师要求租界当局判处章、邹二人终身监禁。租界方面并不是真正想帮助章太炎、邹容等革命人士，只是想通过此次事件证明自己享有"治外法权"，故而拒绝按照清政府的意见判决。经过双方长达半年的谈判协商，最终判决章太炎监禁三年，邹容监禁两年，刑满释放后驱逐出境，《苏报》永远停刊。历史上将这场以清政府为原告的诉讼案件称为"苏报案"。

清政府的本意是通过捕杀革命党人来震慑宣传、认可革命的广大群众，使一时广为流传的《革命军》《驳康有为论革命书》等反清书刊销声匿迹。谁知在半年多的审讯、谈判过程中，这一事件得到各方的密切关注，邹容和章太炎名声大噪，他们的文章也更加流行了。

章太炎和邹容入狱后，写诗唱和，互相鼓励，希望出狱后能继续从事革命活动。可惜邹容在距离出狱仅两个多月的时候，因狱中的非人待遇和折磨病死，年仅 20 岁。章太炎抚尸痛哭，他在刑满出狱后，东渡日本，继续为民主革命奔走。

文化感悟

1. 从"原文选读"收录的故事中，你能概括出文字狱中常用的罗织罪名的方法吗？

2. 文字狱在明清两代最为严酷的原因有哪些？

3. 结合"文化倾听"并查阅资料，找一找哪些朝代以及在王朝内部的哪些时段，文字狱较少出现。你能发现文字狱在出现时间上有什么规律吗？